인권 변호사
조영래

인권 변호사
조영래
박상률 지음

| 고침판을 내면서 |

아름다운 세상을 꿈꾼 인권 변호사

　어린이 여러분은 '변호사'라고 하면 어떤 사람을 떠올리나요? 억울한 일을 당한 사람을 위해서 애쓰는 사람이라고 생각한다고요?
　맞아요. 변호사는 억울한 일을 당한 사람 편에 서서 여러 가지 법률적인 도움을 주고, 나아가 진실을 밝혀 주는 사람이에요.
　여러분이 이 책에서 만나게 될 조영래 변호사는 특히 가난하고 힘없는 사람들 편에 서서 그들의 인간다운 권리를 지켜 주려고 애쓴 '인권 변호사'랍니다.
　지난 1970년대와 1980년대에 우리 나라는 부끄럽게도 독재자들이 마음대로 주물러 댔습니다. 조영래 변호사는 독재자들이 설치는 시대를 거쳐 오는 동안, 감옥살이도 하고 피신 생활도 했습니다. 그러면서도 아름다운 세상에 대한 믿음을 끝내 버리지 않았습니다.

독재 정권은 마침내 무너졌지만, 그 정권에서 비롯된 악의 씨앗들이 워낙 곳곳에 뿌리를 깊이 내리고 있기 때문에 우리 사회는 아직도 완전한 민주화가 이루어졌다고 할 수는 없습니다. 그렇지만 부분적으로나마 민주화가 조금이라도 이루어졌다면, 그것은 조영래 변호사처럼 자기 한 몸 돌보지 않고 온몸으로 불의에 대항한 분들 덕분일 것입니다.

조영래 변호사는 안타깝게도 우리 곁을 너무 일찍 떠나 버리고 말았습니다. 그러나 우리가 아름다운 세상을 이루고자 하는 꿈을 버리지 않는 한, 그는 결코 우리 곁을 떠난 것이 아닙니다.

취재를 하면서 만난 사람들은 열이면 열 모두 조영래 변호사의 따스한 성품과 인간적인 향기를 잊지 못했고, 그에 대한 자신의 이야기를 열심히 들려주었습니다.

많은 이야기가 있지만, 이 책에서는 어린이들에게 쉽게 다가갈 수 있는 이야기와 인간 조영래의 삶을 가장 잘 보여 줄 수 있는 이야기를 가려서 소개하고자 했습니다. 그러다 보니 그에 대한 많은 사람들의 애정과 관심을 잘 반영해서 제대로 그려 냈는지 두려울 뿐입니다.

끝으로 취재를 도와주신 여러 분, 특히 조영래 변호사의 부인이신 이옥경 선생님을 비롯한 가족들과 '조영래 변호사를 추모

하는 모임'의 박석운 선생님, 윤종현 변호사님께 고마움을 전합니다.

이 책이 세상에 나온 지 10년 가까이 되다 보니 손볼 데가 여러 군데 생겼습니다. 그래서 이번에 더욱 읽기 쉽도록 다듬어 내놓았습니다. 그 동안 세상이 많이 바뀌기도 했습니다. 하지만 조영래 변호사가 꿈꾸었던 '아름다운 세상'은 아직 오지 않았습니다. 우리 모두 노력하여 그런 세상을 만들어 가야겠습니다.

2005년 3월 박상률

| 차례 |

고침판을 내면서 5

감꽃 먹고 낳은 아이 11
물고기야, 왜 밖으로 나와서 놀지 않니? 17
전쟁이 끝난 뒤 28
냇물은 어디서부터 흘러내려올까? 35
배고플 때 부르는 노래 42
서쪽 창문에서 들어오는 햇빛 48
서울 생활의 시작 56
사춘기 64
어이구, 이 바보야! 74
꿈이 자라던 시절 82
'공부 선수'가 아닌 수석 합격생 91
가슴이 따뜻한 사람 103

사법 시험과 전태일 114
만남 그리고 감옥 생활 123
감옥에서는 나왔건만 133
도망을 다니더라도 146
변호사가 되다 155
시민 공익 법률 상담소 162
풀어 내야 할 사건, 사건들 177
가슴 가득한 기쁨과 희망으로 185
환경 문제는 곧 인권 문제이다 195
타고 남은 재가 다시 기름이 됩니다 201

조영래 변호사의 생애 216

감꽃 먹고 낳은 아이

"아유, 수고하셨어요. 아들이에요."

산모가 진통을 할 때마다 같이 끙끙거리며 무사히 아이를 받아 낸 산파 할머니의 말에 산모는 모든 고통이 싹 사라지는 듯했습니다.

"아기는 아주 건강해요. 아기 엄마도 건강하려면 몸조리 잘 해야 돼요."

산파 할머니는 산모의 몸조리를 당부하며 방을 나갔습니다. 어머니는 아기의 첫 울음소리를 듣는 순간, 지난 열 달 동안 힘들었던 기억이 스쳐 지나갔습니다. 그러나 곧이어 밀려오는 잠 속으로 빨려들어가고 말았습니다.

1947년 3월 26일 영래는 아버지 조민제와 어머니 이남필의 넷

째 아이이자 첫째 아들로 태어났습니다.

그 무렵 우리 나라는 모든 면에서 새로운 기운이 싹트기 시작했습니다. 1945년 8월 15일에 일본에서 해방되기는 했지만 아직 새로운 정부는 세워지지 않았고, 나라를 세우기 위해 준비하는 기간이었습니다. 그래서 세상은 어수선하고 새 나라를 만들기 위한 진통의 소리가 곳곳에서 들려오고 있었습니다.

영래는 이처럼 나라 전체가 새 나라를 건설하기 위해 정신 없이 숨가쁘게 돌아가고 있을 때 태어났습니다. 영래가 태어나자 식구들은 말할 수 없이 기뻐했습니다. 아버지가 외아들인데다 딸만 내리 셋을 두어서 아들이 하나 있었으면 좋겠다는 생각을 하고 있었습니다. 그러던 차에 태어난 아들이라 가족들의 기쁨은 더욱 컸습니다.

영래가 태어났을 때 큰누나 순옥은 국민학교(오늘날의 초등학교) 3학년이었습니다. 그날 순옥이가 학교에서 돌아오니, 마루에 나와 걸터앉아 있던 아버지가 빙그레 웃으며 순옥을 반갑게 맞았습니다.

"엄마가 아들을 낳았단다."

순옥은 어머니가 아들을 낳았다는 말을 듣자 그렇게 좋을 수가 없었습니다. 평소 남들한테서는 딸부잣집 소리를 들어도 괜찮았지만, 아버지와 어머니를 위해선 아들도 있는 게 좋겠다는 생각을 하고 있었습니다. 왜냐하면 어른들은 아들이 없으면 왠

지 허전해한다는 것을 어렴풋이 알고 있기 때문입니다.

　순옥은 마당의 감나무를 보니 금방이라도 눈물이 왈칵 쏟아질 것만 같았습니다. 감나무 가지마다 어머니의 고생스러운 지난날들이 주렁주렁 매달려 있는 듯했기 때문입니다.

　그 무렵 집 안에는 감나무가 열두 그루나 있었습니다. 아기를 가진 열 달 내내 먹을 것이 넉넉하지 않아서 어머니는 봄에는 감꽃을 주워 먹고 여름엔 떫은 감을 씹으며 배고픔을 달랬습니다. 감나무는 지붕을 온통 다 덮을 정도로 무성해서 다른 건 몰라도 감만큼은 말려 두었다가 겨울까지 실컷 먹을 수 있었습니다.

　그땐 너나없이 모두들 먹고살기가 힘들어서 임산부라 해도 특별히 챙겨 먹을 만한 것이 없었습니다.

　순옥은 조용히 문을 열고 방으로 들어갔습니다.

　"엄마……, 고생하셨어요."

　잠에서 막 깨어난 어머니가 입가에 엷은 웃음을 띠며 고개를 끄덕거려 주었습니다. 아기는 세상 모르고 쌔근쌔근 자고 있었습니다. 감나무의 여린 새순 같은 손가락 하나가 배냇저고리 소매 끝으로 살짝 비쳐 보였습니다.

　이제 막 봄이 오는 소리가 온 천지에서 들리는 듯했습니다. 여기저기 심은 사과나무에서도 머지않아 싹이 움터 나올 것입니다.

영래가 태어난 대구는 예부터 사과로 유명한 고장입니다. 북쪽과 남쪽이 큰 산으로 둘러싸여 있고 가운데가 넓어 평탄한 분지를 이루고 있는 도시입니다. 도시라곤 하지만 그때의 대구는 예스러운 시골 분위기가 많이 남아 있었습니다. 특히 영래가 태어난 대봉동 일대는 청동기 시대 이후의 것으로 보이는 유적들이 가끔 눈에 띌 정도로 아직 개발이 덜 되어 한가롭고 고즈넉한 곳이었습니다.

원래 영래의 조상은 대대로 경상북도 청송에 살았는데, 몇 해 전 영래의 부모님이 일자리를 찾아 대구로 나와서 대봉동에 자리를 잡게 되었습니다.

대구에서 아버지는 기름이나 비누 따위를 만드는 방법을 독학으로 익혀 유지 공장을 차렸습니다. 해방 바로 뒤라 모든 물자가 부족했기 때문에 물건은 만들기가 바쁘게 각 기관이나 단체에 납품(계약한 곳에 주문받은 물품을 가져다 줌)이 잘 되었습니다.

그러나 물건값을 받기는 힘들었습니다. 그래서 영래 부모님은 늘 재료값이나 종업원들에게 줄 임금 때문에 쩔쩔매다가, 비싼 이자를 받고 돈을 빌려 주는 고리대금업자의 신세를 가끔 지기도 했습니다. 물론 어쩌다 꽤 많은 돈이 들어올 때면 밀린 빚을 한꺼번에 갚기도 했습니다.

영래는 별 탈 없이 무럭무럭 잘 자랐습니다. 잔병치레도 하지 않고 아무거나 잘 먹어서 가족들은 아기에게 고마워할 정도였습니다.

그런데 영래는 갓난아기 때부터 고집이 쇠고집이었습니다. 그래서 일찌감치부터 온 동네에 고집쟁이로 소문이 났습니다.

"응아, 응아, 응아, 와앙—."

영래는 뭔가 마음에 들지 않는 일이 있으면 하루 내내 울어 대며 고집을 부렸습니다. 아무리 얼르고 달래도, 아무리 업어 주고 안아 주어도 소용이 없었습니다.

그런데 그런 고집쟁이를 달래는 방법이 딱 한 가지 있었습니다. "병원에 가자!" 하면서 집을 나서는 것입니다. 그러면 영래는 대문을 나서자마자 신기하게도 울음을 뚝 그치곤 했습니다.

가족들은 처음엔 영래가 병원에 가는 것을 무서워해서 울음을 그치는 줄 알았지만, 영래가 바깥바람을 쐬고 싶어서 그런다는 것을 차차 알게 되었습니다. 영래에게 "병원에 가자."는 말은 "바깥바람 쐬러 가자."는 말과 같은 것이었습니다.

물고기야, 왜 밖으로 나와서 놀지 않니?

영래는 고집이 세다는 것말고는 여느 아이들과 다를 바 없이 잘 자랐습니다.

어느 날 영래는 어항 앞에서 아무 소리 없이 한참을 놀고 있었습니다. 어머니는 영래가 무엇을 하는지 궁금해서 가까이 가 보았습니다.

"영래야, 뭐 하니?"

"……."

"아니, 왜 물고기를 밖으로 꺼내고 그래?"

글쎄, 영래가 어항 속 물고기들을 마룻바닥에 꺼내 놓았지 뭐예요?

깜짝 놀란 어머니는 영래가 어항 밖으로 끄집어 낸 물고기들을 얼른 어항에 집어 넣었습니다. 그러나 몇 마리는 벌써 숨이 끊어져 있었습니다. 물 밖에 너무 오래 나와 있었기 때문입니다.

"다시는 물고기를 밖으로 꺼내지 마라. 물고기는 밖으로 나오면 죽어."

"엄마, 물고기는 왜 걸어서 어항 밖으로 못 나오는 거예요? 물고기가 어항 속에 갇혀 있는 게 답답해 보여서 꺼내 준 건데."

"애도 참, 별나기는……."

바깥바람 쐬기를 좋아하던 영래는 어항 속의 물고기들도 바깥바람을 쐬어야 한다며 틈만 나면 물고기를 마룻바닥에 꺼내 놓았습니다. 그때마다 물고기들은 숨을 헐떡이며 죽어 갔습니다.

영래는 물고기가 물 밖으로 나오면 살지 못한다는 것을 몰랐던 것입니다. 그리고 죽는다는 게 뭔지도 몰랐습니다. 그래서 영래는 어머니와 누나들이 어항 속에 물고기를 새로 갖다 넣기가 무섭게 끄집어 내놓곤 했습니다.

영래는 이렇게 생각했습니다.

'나는 물고기랑 같이 노는 게 좋아. 물고기도 저 좁은 어항보다는 넓은 마룻바닥을 좋아할 거야.'

하지만 물고기에게 바람을 쐬게 해 주는 일은 그 정도에서 그쳐야 했습니다. 영래에게 어항 속의 물고기에 손 대지 말라고 아무리 일러 주어도 소용이 없자, 아예 어항을 치워 버렸기 때문입니다.

그 무렵 아버지의 유지 공장에는 이삼십 명쯤 되는 사람들이 종업원으로 일하고 있었습니다.

말문도 터지고 몸집도 제법 커지면서 영래는 차츰 공장에 나가 노는 걸 좋아했습니다.

아버지 공장에서는 양초도 만들었는데, 영래는 양초의 원료가 되는 파라핀 왁스를 가지고 노는 게 재미있었습니다. 파라핀 왁스가 채 굳기 전에 손가락을 넣으면 나중에 손가락 모양으로 굳어집니다.

영래는 파라핀 왁스를 가지고 놀다가 싫증이 나면 공장 아저씨들의 일하는 모습을 흉내내면서 놀았습니다. 공장 아저씨들은 영래가 하는 행동이 앙증맞고 귀여워서 자꾸만 장난을 걸었습니다. 어린아이치곤 대답도 잘하고 하는 짓이 무척 당돌했기 때문입니다. 게다가 영래는 이제 제법 자랐기 때문에 잘 울지도 않았습니다.

그래서 아저씨들은 영래가 우는 걸 좀 보자며 일부러 골탕을 먹이려고 가끔 엉뚱한 장난을 치기도 했습니다.

"영래야, 너 이것 좀 먹어 볼래? 참 맛있는 거야."

"정말? 이게 뭔데요?"

"응, 먹어 보면 알아."

아저씨들이 먹어 보라고 내민 건 맵디매운 고추장이었습니다. 영래는 아직 매운 걸 잘 못 먹었습니다. 아저씨들도 그걸 알고 있었습니다. 그래서 고추장을 손가락으로 찍어 먹으면서 일부러 아주 맛있다는 듯한 표정까지 지으며 영래의 반응을 살폈습니다.

영래는 그런 속셈도 모르고 아저씨들이 하는 대로 따라서 고추장을 찍어 먹었습니다.

다음 순간, "우왕!" 하며 자지러지는 듯한 영래의 울음소리가 공장 안에 울렸습니다. 아저씨들은 매워서 팔딱팔딱 뛰는 영래를 보며 배꼽을 잡고 웃었습니다. 그러면 영래는 약이 올라서 그 또래 아이들이 할 수 있는 욕은 물론이고 어른들에게서 귀동냥한 욕까지 막 퍼부어 댔습니다.

그렇지만 공장 아저씨들은 어린아이가 그렇게 욕을 해대도 밉지가 않았습니다. 영래가 욕의 내용을 알고 하는 게 아니라, 화가 날 때 어른들이 곧잘 하는 욕을 그대로 흉내낸 것뿐이라는 것을 잘 알고 있었기 때문입니다.

그 일로 인해 영래는 고집쟁이에다 '욕쟁이'라는 감투를 하나 더 쓰게 되었습니다.

그 무렵부터 영래는 아무리 어른이라도 앞뒤 설명 없이 자기에게 무조건 뭘 하라고 시키면 절대로 하지 않는 아이로 바뀌었습니다. 하지만 자기가 궁금해하는 일은 뭐든지 직접 해 봐야 직성이 풀리는 아이였습니다.

 언젠가 영래는 어떤 아이가 세발자전거를 타고 다니는 걸 보았습니다. 영래는 한참 동안 그 아이를 물끄러미 바라보다가 '나도 세발자전거가 있었으면……' 하는 바람을 갖게 되었습니다. 그래서 날마다 틈만 나면 어머니를 졸라 댔습니다.

 "엄마, 나도 자전거 하나 사 줘요."

 "어이구, 이 철딱서니없는 녀석아. 우리 살림에 무슨 자전거야, 자전거는?"

 "피, 다른 애들은 다 타고 다니는데 왜 나만 못 타는 거야, 이잉잉……."

 어머니는 쉴새없이 졸라 대는 영래의 성화를 더는 견뎌 낼 수가 없었습니다. 그래서 할 수 없이 이웃집 아주머니한테 돈을 빌려 세발자전거를 사 주었습니다.

 "야, 신난다. 나도 자전거가 생겼다!"

 영래는 밤낮을 가리지 않고 열심히 자전거 페달을 밟고 또 밟았습니다.

 그런데 자전거를 사고 며칠 안 된 어느 날, 영래는 그렇게도 갖고 싶어하던 자전거를 돌로 마구 부수고 있었습니다.

 "아니, 영래야! 너 지금 뭐 하는 거니? 자전거값도 아직 다 못 갚았는데 그걸 부수면 어떡해! 그렇게 부술 걸 뭐 하러 사 달라고 그랬어, 엉? 이 녀석아!"

어머니는 속이 상해서 어린 아들을 크게 야단쳤습니다. 하지만 어머니가 그러든 말든 영래는 아무 대꾸도 없이 자전거만 계속 부수고 있었습니다.

"그만 해! 그만 하라니까!"

화가 난 어머니가 마침내 영래의 손에서 돌을 빼앗았습니다. 그제야 영래의 입에서 볼멘소리가 튀어나왔습니다.

"엄마는 내 속도 모르면서……. 난 이 자전거가 어떻게 해서 굴러가는지 무척 궁금했단 말이에요!"

영래의 말에 어머니는 어안이벙벙해져서 뭐라고 대꾸해야 할지 할 말을 잃었습니다.

영래는 어려서부터 세상의 모든 것이 신기하고 궁금했습니다. 어떤 것에 대해 호기심이 일면 참을 수가 없었습니다. 점점 더 자라면서 영래는 어른들의 세계도 궁금하고 부러웠습니다. 그래서 신발도 항상 어른 고무신만 신고 다니고, 바지도 헐렁헐렁한 어른들 것만 끄집어 내서 입었습니다. 게다가 무슨 까닭인지 바짓가랑이를 걷어올리고 다니길 좋아했습니다.

그뿐이 아닙니다. 갓을 쓰고 두루마기를 입은 노인이 동네를 지나가기라도 하면 영래는 손뼉을 치면서 졸졸 따라다녔습니다.

"허허, 이 녀석아, 왜 자꾸만 따라오느냐?"

"그냥……, 할아버지가 좋아서요."

"허 참, 그 녀석도. 늙어빠진 할아비가 좋긴 뭐가 좋아?"

"할아버지, 저……, 그 갓 좀 써 보면 안 될까요?"

"예끼, 이놈! 어른을 놀리느냐?"

갓 쓴 할아버지는 조그마한 꼬마가 버릇없이 구는 걸로 알고 벌컥 화를 냈습니다. 영래는 화들짝 놀라 꽁무니를 빼며 냅다 도망을 쳤습니다. 그럴 때마다 혼이 나면서도 예스런 노인 차림을 유난히 좋아하는 영래의 버릇은 쉽게 없어지지 않았습니다.

그러던 어느 날 영래는 옛날 사람들의 모습을 연필로 그리기 시작했습니다. 한번 그림에 빠지면 밖에 나갈 줄도 모르고 하루 종일 헌 신문지나 비누 포장지에 그림만 그리며 놀았습니다. 나중에는 옛날 장군들만 그렸습니다. 대개 갑옷을 입고 투구를 쓰고 큰 칼을 옆에 찬 장군이 허연 수염을 날리며 근엄한 표정을 짓고 있는 모습이었습니다.

그림을 그리고 있는 영래의 눈에서는 그림 속의 장군들 눈처럼 번쩍번쩍 빛이 나는 듯했습니다. 마치 눈썹부터 시작해서 눈에 불이 켜지듯 빛이 났습니다.

식구들은 어린 영래가 기특하기도 하고 엉뚱하기도 하여 늘 신경이 쓰였습니다. 영래가 하는 짓은 왠지 예사롭지 않게 여겨졌습니다. 그도 그럴 것이 영래는 벌써 여러 번 엉뚱한 행동을 했기 때문이었습니다.

한 예로 할머니뻘 되는 친척 몇 분이 집에 들른 적이 있었습니다. 어머니는 손님을 대접하느라고 과자를 사다가 한 접시 내놓았습니다. 친척 할머니들은 아주 맛나게 과자를 먹다가 마지막 과자 한 개를 남겨 두고는 서로 "형님, 드시우." "자네, 자시게." 하면서 실랑이를 벌였습니다.

그때 문턱 너머에서 침을 꼴깍 삼키며 이 광경을 보고 있던 어린 영래가 갑자기 어른들 앞으로 쪼르르 달려오더니 마지막 과자를 냉큼 입에 집어 넣으며 말했습니다.

"아무도 안 드시면 제가 먹을래요."

친척 할머니들은 어린 영래가 아무 거리낌 없이, 누구의 눈치도 보지 않고 행동하는 걸 보고는 오히려 대견스러워하며 웃었습니다.

"호, 저 녀석이 나중에 커서 크게 될 놈인가 보우. 그래, 사내란 남의 눈치 볼 것 없이 그렇게 거침없이 행동해야 하는 게야."

하지만 어머니는 무척이나 민망했습니다. 손님을 대접하느라 아이 몫으로 과자를 주지 못했더니 어린 영래가 기다리고 있다가 손님들 앞에서 눈치없이 꿀꺽 먹어 버린 것입니다.

또 영래는 툭하면 둘째 누나 순희와 셋째 누나 순자랑 싸움박질을 했습니다. 특히 누나들이 영래가 자기들보다 훨씬 어리다고 무시하거나 놀리기라도 하면, 그땐 절대로 지지 않고 마구 대들었습니다. 그래서 싸움이 붙었다 하면 머리로 박고 손으로 꼬집는 등 난리가 났습니다.

그날도 순희 누나가 영래에게 '깡패'를 거꾸로 뒤집어 '패깡'이라고 놀려 대면서 싸움이 시작되었습니다. 영래는 악착같이 들러붙어서 누나의 머리를 쥐어뜯으며 떨어지지 않았습니다.

아이들의 싸움 소리로 집 안이 소란스러워지자, 마침내 어머니가 달려왔습니다.

"영래야, 그만 해라. 누나를 물어뜯는 동생이 어디 있니?"

"나보고 깡패라고 하잖아요!"

"네가 이렇게 누나들한테 함부로 하니까 그런 소리를 듣지. 놔라, 어서!"

그래도 영래는 순희 누나의 머리채를 놓지 않았습니다. 어머니는 할 수 없이 매를 들었습니다. 그제야 영래는 억지로, 그것도 모기만한 소리로 잘못했다고 말했습니다.

이처럼 영래는 누구에게든 지기 싫어했지만, 영래가 감히 대들지 못하는 사람이 꼭 한 사람 있었습니다. 바로 어머니였습니다. 어려서부터 어머니 말씀이라면 자신이 잘했든 못 했든 받아들였습니다.

누나들과 한바탕 싸우고 난 그날 저녁, 영래는 앓아 눕고 말았습니다. 몸에서는 열이 펄펄 났습니다. 아무리 생각해 봐도 잘못한 게 별로 없는 것 같은데 잘못했다고 빌어서 그만 화병이 난 것입니다.

영래는 자치기놀이든 잠자리잡기든 팽이치기든 싸움이든, 일단 시작했다 하면 젖 먹던 힘까지 다 쏟아부어 지칠 때까지 해야 직성이 풀렸습니다. 그래서 어머니는 속으로 걱정이 되었습니다.

'저 녀석이 나중에 커서 뭐가 되려고 저러나 몰라…….'

전쟁이 끝난 뒤

6·25 전쟁이 터졌습니다. 남북한이 따로따로 정부를 세운 뒤 우리 겨레는 곧 서로의 가슴에 총부리를 겨누기 시작했습니다. 무려 3년 동안이나 우리 겨레는 서로가 서로를 죽이는 일에서 벗어나지 못하고 있었습니다.

해방 뒤 나라 정치는 혼란을 거듭했습니다. 당시의 대통령 이승만은 국민들의 불만을 다른 곳으로 돌리기 위해 북진 통일을 주장하면서, 전쟁이 나기만 하면 점심은 평양에서 먹고 저녁은 신의주에서 먹게 된다며 큰소리를 쳤습니다.

그러나 막상 전쟁이 나자 사흘 만에 인민군에게 서울을 점령당하고 말았습니다. 게다가 몇 달 지나지 않아 인민군이 경상도 일부 지역을 뺀 전국을 차지하게 되었습니다. 남한 정부는 부산까지 피난을 가는 수모를 겪어야만 했습니다.

영래네 식구도 폭격이 시작되면 마룻장 밑으로 몸을 숨기곤 했습니다. 하루하루가 긴장의 나날이었습니다. 영래는 전쟁과 피난의 혼란기를 겪으면서 어린 시절을 보냈습니다.

1953년 영래는 대구 국민학교에 입학했습니다. 그나마 다행인 것은 영래가 국민학교에 들어가던 해에 휴전이 되었다는 사실입니다.

그러나 3년 동안 전쟁을 치르면서 우리 겨레는 수백만 명이 죽고 다치고 행방불명이 되었습니다. 또한 헤아릴 수 없을 만큼 엄청난 재산 피해를 입었습니다. 하지만 그런 와중에도 아이들은 자랐습니다.

영래는 심심할 때마다 공장에 가서 공장 아저씨들하고 한바탕 놀고 나면 속이 후련해지곤 했습니다. 학교에 들어가고부터는 좀더 먼 곳까지 가서 놀다 오고 싶었습니다.

전쟁이 끝난 해에 첫 여름 방학을 맞았습니다. 영래는 뭔가 신나는 일이 없을까 궁리하다가, 틈만 나면 앞산 안지랭이골이며 근처의 산을 쏘다니곤 했습니다. 국민학교에 들어간 뒤로 영래는 집에 붙어 있는 시간보다 들로 산으로 쏘다니는 시간이 더 많아졌습니다. 집을 나서서 조금만 걷다 보면 들이 나오고 조그마한 연못도 나왔습니다.

그날도 '영산못'이라는 연못까지 가서 대나무로 만든 잠자리

채로 잠자리를 잡으며 놀다 왔습니다. 감나무가 많은 영래의 집 마당 한쪽에는 대나무밭이 있어서 긴 대나무를 잘라 잠자리채를 만드는 일은 아주 간단했습니다.

　잠자리 채집통으로는 돌아가신 할머니의 혼백 상자가 안성맞춤이었습니다. 혼백 상자는 죽은 사람의 영혼을 나타내기 위해 명주 조각을 접어서 임시로 만든 신위(죽은 사람의 영혼이 의지할 자리. 죽은 사람의 사진이나 지방 같은 것)를 담은 종이 상자를 말합니다. 우리 나라에서는 유교식으로 장례를 치르고 제사를 모

셨기 때문에 그러한 것들을 매우 소중하게 여겼답니다.
 그런데 그때만 해도 집 안에 종이 상자가 흔하지 않던 시절이라, 할머니의 혼백 상자는 아주 좋은 잠자리 채집통으로 여겨졌습니다.
 '야, 여기에다 잠자리를 잡아서 넣으면 딱 좋겠는걸!'
 그렇지만 집에서는 난리가 났습니다. 밖에 나갔다 돌아온 아버지가 다급한 목소리로 어머니를 불렀습니다.
 "여보! 혼백 상자가 없어졌는데, 누가 손댄 거요?"

"손댄 사람이 없는 것 같은데, 어디로 갔다지요?"

"그렇다면 보나마나 영래 짓이군. 아니 당신은 애가 무슨 짓을 하는지 그것도 못 봤단 말이오?"

"미안해요. 워낙 바쁘게 왔다 갔다 하느라 미처 못 봤어요."

그때 마침, 커다란 어른 고무신을 질질 끌고 바지는 가랑이까지 헐렁헐렁하게 걷어올린 채 허리춤은 허리띠로 꽉 동여맨 영래가 대문 안으로 들어섰습니다. 한쪽 어깨엔 대나무 작대기로 만든 잠자리채를 메고 있었고요.

아버지가 찾고 있던 혼백 상자는 짐작대로 영래의 손에 들려 있었습니다. 아버지의 호통이 떨어졌습니다.

"너 이 녀석, 지금 뭐 하고 오는 길이냐?"

"네? 저요? 잠자리 잡아 가지고 오는 길이에요. 이것 좀 보세요, 아버지!"

영래는 자랑스럽게 혼백 상자를 열어 보였습니다. 그 안에는 잠자리 대여섯 마리가 실에 발이 묶인 채 파드닥거리고 있었습니다.

아버지는 그만 어이가 없어서 아까보다 누그러진 목소리로 말했습니다.

"야, 이 녀석아! 네 손에 든 상자가 뭔지나 알고 들고 나간 거냐?"

"뭐긴 뭐예요? 종이 상자지."

"허허, 그래도 이 녀석이 말귀를 못 알아듣는구나. 그 상자는 보통 상자가 아니야. 그건 네 할머니나 마찬가지란 말이다."

"할머니요? 할머니는 산에다 꽁꽁 묻고 왔잖아요?"

다시 아버지의 목소리가 커졌습니다.

"이 녀석, 그 안에 들어 있던 건 어쨌느냐?"

"그건 저 대나무밭에 버렸는데……."

그러자 옆에 있던 어머니가 거들었습니다.

"아이고 영래야, 너 어쩌려고 그런 짓을 했니? 그건 바로 네 할머니란 말이다, 할머니! 할머니를 버리고 오다니……."

"할머니는 무슨 할머니예요. 헝겊 쪼가리밖에 없던걸요, 뭘."

하도 어처구니없는 일이라서 부모님은 더 이상 말끝을 잇지 못했습니다.

영래는 어른들을 도무지 이해할 수 없었습니다. 할머니는 분명히 돌아가셔서 산에 장사를 지냈습니다. 그런데 할머니가 상자 속에 들어 있다니…….

이처럼 영래의 말과 행동은 너무나 엉뚱하고 뜻밖이어서 어른들은 늘 말문이 막히곤 했습니다.

영래가 그렇게 거침없는 아이로 자라는 동안, 아버지의 유지 공장은 점점 형편이 어려워져서 빚더미에 올라앉고 말았습니다. 6·25 전쟁을 치르는 동안 공장에서 군복과 군수 물자까지 생산했지만 물건값은 제대로 못 받았기 때문입니다.

군수 물자의 경우, 물건은 정해진 날짜까지 꼬박꼬박 납품하는데 물건값은 자꾸만 늑장을 부리며 제대로 주지를 않았습니다. 전쟁 중이라 모든 물자가 귀해 물가는 하루가 다르게 치솟아 올랐습니다. 그래서 물건을 납품한 뒤 한참 지나서 받은 돈은 물건을 내보낼 때에 비하면 보잘것없는 액수가 되기 때문에 이래저래 손해가 많았습니다.

영래의 부모님은 공장을 운영하기 위해서 계속 빚을 져야만 했습니다. 그러다 보니 이자를 갚기가 힘들어져서 마침내 공장도 집안 살림도 기울고 말았습니다.

돈을 제때에 갚지 못하자 하루가 멀다 하고 빚쟁이들이 들락거리고 마당에서는 한바탕 큰 소리가 나곤 했습니다.

"내 돈 내놔! 이자는 몰라도 원금은 줘야 할 거 아니야?"

"어이구, 미안합니다. 조금만 더 참고 기다려 주세요."

하지만 그렇게 견디는 것도 하루 이틀이지, 거의 날마다 그런 일이 되풀이되다 보니 이제는 더 어떻게 해 볼 수 없는 지경에 이르고 말았습니다.

게다가 그 사이 영래 밑으로 동생 성래와 중래까지 태어나서 생활을 꾸려 나가기가 보통 힘든 일이 아니었습니다.

결국 영래 가족은 영래가 국민학교 2학년 때 감나무와 대나무밭이 있는 정든 집을 떠나 방천 밑에 있는 집으로 이사했습니다.

냇물은 어디서부터 흘러내려올까?

"조영래, 뭐 하는 거니?"
"……."
"조영래! 시험지 들고 앞으로 나와."
"네? 시험지는 왜요, 선생님?"
"이 녀석, 한두 번도 아니고 시험 볼 때마다 남한테 보여 주면 어떡하니?"
"친구가 답안지를 못 쓰고 있는 걸 보면 안타깝잖아요."
"야, 이 녀석아! 답은 자기가 아는 만큼 써야 하는 거야."
"알았어요, 선생님. 하지만 모르는 게 있으면 서로 가르쳐 주고 사이좋게 지내는 게 친구 아닌가요?"
선생님이 야단을 치고 있는 동안에도 둘레에 앉은 아이들은 영래의 답안지를 베껴 쓰느라 정신이 없었습니다.
 선생님은 화를 버럭 내고 말았습니다.
 "모두들 제자리에서 일어나라. 빨리!"
 아이들은 마지못해 시험지 위에 연필을 내려놓고 자리에서 일어나느라 우르르 야단법석을 떨었습니다. 책상 밀치는 소리와 걸상 넘어지는 소리에 교실은 금세 장터처럼 소란스러워졌습니다.
 선생님은 아이들을 모두 뒤죽박죽 섞어서 다시 자리를 정해 주었습니다. 이제 영래는 자기 책상과 걸상을 들고 선생님 코앞에 가서 앉아야 했습니다.
 '치, 겨우 답 몇 개 가르쳐 줬다고……. 선생님도 너무하신다.'
 영래는 못마땅했지만 겉으로 드러낼 수는 없었습니다. 선생님은 물끄러미 영래의 시험지를 내려다보고만 있었습니다.
 교실 안은 금세 쥐 죽은 듯이 조용해져서 시험지 위에서 서걱거리는 연필 소리만 유난히 크게 들려왔습니다.
 '음, 영래 저 녀석은 제법 쓸 만한 녀석이야. 시험지를 남에게 보여 주는 건 좋지 않은 일이지만, 어린 나이에도 남을 생각할 줄 아니 제법이거든. 다른 애들은 어떻게든 안 보여 주려고 하는데…….'
 선생님의 이런 속마음을 알 턱이 없는 영래는 혼자 따로 앉게 한 선생님의 지시가 못마땅해서 시험 시간 내내 투덜댔습니다.

다음 시험 때에도 영래는 시험 문제를 얼른 풀고는 둘레에 앉은 아이들한테 보여 주느라 이리 돌아보고 저리 돌아보고 정신이 없었습니다. 선생님에게 늘 혼나면서도 영래의 그 버릇은 좀처럼 고쳐지지 않았습니다. 영래는 자기 답안지를 남에게 보여 줘야 마음이 편해지는 괴짜 고집쟁이였습니다.

그 무렵 영래는 학교에서 집으로 갈 때면 일부러 들이나 산길을 따라서 빙 돌아가곤 했습니다. 그곳엔 철따라 나비며 개구리며 메뚜기, 잠자리 따위가 살고 있었습니다. 들이나 산에서 사는 생물들은 왠지 자유롭고 마음을 다치는 일도 없이 사는 것 같았습니다.

특히 학교에서 선생님한테 야단이라도 맞은 날이면 영래는 꼭 들로 산으로 오래도록 쏘다니다가 집에 들어가곤 했습니다.

'산과 들로 쏘다니고 나면 속이 시원해진단 말야!'

하루는 학교에서 올 시간이 한참 지나서야 집으로 돌아온 영래를 보고 어머니가 걱정스러운 얼굴로 물었습니다.

"뭐 하다 이렇게 늦었니? 공부는 진작 끝났을 텐데."

영래는 한 번 씽긋 웃는 것으로 대답을 대신하면서 책 보자기를 방으로 휙 집어던졌습니다.

영래는 어머니가 준 보리개떡을 마파람에 게눈 감추듯 후딱 먹어치우고는 냉수 한 사발을 벌컥벌컥 마셨습니다. 그러고는 막 밖으로 나갈 채비를 했습니다.

아직 학교에 들어가지 않은 바로 밑의 동생 성래는 하루 종일 학교에 간 형을 기다리다 지쳐서 먼저 밖으로 나갔는지 보이지 않았습니다.

"성래야! 성래야!"

한참을 찾아 헤매다 보니 저 멀리 개천가 밭둑에서 놀고 있는 성래가 눈에 들어왔습니다.

"으으응? 혀어엉! 나 여기 있어······."

성래는 형의 목소리를 금방 알아듣고 반갑게 대답했습니다. 바짓가랑이는 온통 흙투성이였고, 손에는 발버둥을 치는 개구리 한 마리가 쥐어져 있었습니다.

"형, 이것 좀 봐. 내가 잡은 개구리야."

성래가 개구리를 꽉 움켜쥔 작은 손을 영래 앞으로 내밀었습니다.

영래가 성래의 손을 들여다보는 순간, 개구리가 오줌을 찍 갈

겼습니다. 영래의 콧등에 개구리 오줌이 몇 방울 튀었습니다.
"어이쿠, 성래야! 개구리를 너무 꽉 쥐지 마. 오줌을 싸잖아."
"이 녀석이 왜 이러지?"
개구리는 성래의 손 안에서 빠져나오려고 있는 힘을 다해 몸부림치는 것처럼 보였습니다.
"성래야, 놔줘. 겁먹어서 그러는 거야."
"그럼 난 어떡하구? 심심하잖아."
"내가 있잖니. 오늘은 냇가 저 위쪽까지 가서 냇물이 어디서부터 흘러내려오는지 한번 알아보자."
영래와 성래는 밭둑을 걸어 나와 개천둑으로 막 뛰어갔습니다. 맑은 냇물이 파아란 하늘 아래 푸르게 흘러가고 있었습니다. 그러나 아무리 달려가도 냇물의 끝은 보이지 않았습니다. 멀리멀리 개천둑만 끝없이 이어져 있고, 개천둑 밑으로는 가끔씩 한가로이 풀을 뜯는 누렁 소와 까만 염소들만 보였습니다.
"형, 그만 가. 나 다리 아파."
"그래, 그만 가자. 배도 고프다."
학교에서 돌아오자마자 겨우 보리개떡 한 덩어리를 먹고 나왔으니 배가 고플 만도 했습니다.
아랫집 윗집 할 것 없이 개천가에 살고 있는 집 아이들은 점심밥을 먹지 못했습니다. 보릿가루를 쪄서 만든 시커먼 보리개떡이라도 먹는 날은 그나마 행복한 날이었습니다.

집에 가니 누나들도 학교에서 다 돌아와 있었습니다. 큰누나 순옥은 벌써 중학생이었고, 둘째 누나 순희와 셋째 누나 순자 그리고 영래까지 모두들 학교에 다니고 있었지만, 공부방은커녕 변변한 책상조차 없었습니다. 윗목 벽에 각자의 시간표만 밥풀을 이겨서 붙여 놓고, 숙제 같은 건 방바닥에 쭈그리고 앉아서 했습니다.

영래는 저녁을 먹고 나면 숙제를 대충 끝낸 뒤 장군이나 갓 쓴 노인을 그려서 벽에 붙이는 데 열중하곤 했습니다. 누나들은 장군과 할아버지들이 우리 집을 지켜 주어서 하나도 무섭지 않다고 우스갯소리를 하며 벽에 붙인 영래의 그림을 치켜세워 주었습니다.

그러다가도 어쩌다 영래가 말을 잘 듣지 않으면, 누나들은 심통이 나서 그림들을 떼어 내 버리곤 했습니다. 하지만 영래는 상관하지 않았습니다. 누나들이 그러건 말건 틈만 나면 자기가 좋아하는 그림만 그려 댔습니다.

배 고플 때 부르는 노래

　　푸른 하늘 은하수 하얀 쪽배에
　　계수나무 한 나무 토끼 한 마리
　　돛대도 아니 달고 삿대도 없이
　　가기도 잘도 간다 서쪽 나라로

　방천 밑 영래네 집에서 흘러나오는 소리입니다.
　저녁상을 물린 뒤면 영래네 형제들은 촉수 낮은 전등불 아래 모여 앉아 노래부르기를 좋아했습니다.
　순옥은 어린 동생들을 맡아서 돌봐야 했습니다. 아버지는 늘 바깥일 때문에 바쁘고, 어머니도 뭔가 살림에 보탬이 될 만한 일을 하느라 하루 종일 집에 없었기 때문입니다.

아버지는 아침에 나가면 밤늦게야 돌아왔습니다. 바깥일을 나간 어머니도 어쩌다 점심때나 저녁때 잠깐 집에 들러서 대충 집안일을 하고는 또 일을 나가곤 했습니다. 게다가 동생 중래는 아직 갓난이라, 어머니의 고생이 이만저만이 아니었습니다.

갓난이인 중래는 어머니가 업고 나가지만, 집에 남은 동생들은 모두 순옥이 돌봐 주었습니다.

"누나, 배고파."

"저녁 먹은 지 한 시간도 안 됐는데, 네 뱃속엔 뭐가 들었니?"

순옥은 어린 동생들이 배고프다고 칭얼거릴 때가 제일 가슴 아팠습니다. 그래서 틈만 나면 동생들을 데리고 노래를 부르곤 했습니다. 노래를 부르는 동안만큼은 배고픔도 잊고 일 나간 어머니와 아버지를 기다리는 지루함도 잊을 수 있었습니다.

어쩌다 이웃이나 친척들이 먹을 것을 갖다 주기라도 하면 동생들은 서로 먹겠다고 아우성을 쳤습니다. 낮에 밖에서 뛰어놀아 그런지 특히 남동생들은 여동생들보다 배고픈 것을 더 참지 못했습니다.

순옥은 그럴 때마다 〈반달〉 노래 2절에 나오는 '샛별이 등대란다, 길을 찾아라'라는 구절을 떠올렸습니다. 나라를 잃었던 일제 시대에 이 땅의 불행한 어린이들에게 꿈과 용기를 불어넣어 주었던 바로 그 구절을 부르노라면 한편으론 왠지 슬프면서도 다시 힘이 솟는 것 같았습니다.

"얘들아, 배고프지? 조금만 참아. 조금 있다 엄마가 맛있는 거 가지고 오실 거야."

"누나는 또 거짓말한다. 엄마가 맛있는 걸 뭘 가져와? 그리고 난 졸려서 엄마가 올 때까지 기다리지도 못한단 말야."

아직 어려서 툭하면 잘 토라지는 성래의 볼멘소리에 순옥은 어머니를 기다리자는 말밖에는 달리 할 말이 없었습니다.

보채던 동생들도 하나 둘 잠이 들고 일 나간 부모님은 늦도록 돌아오지 않고 있었습니다. 밖에서 이따금 휘익 하는 바람 소리에 집 천장이 들썩거릴 뿐입니다.

초겨울엔 고구마라도 삶아서 동생들 손에 하나씩 쥐여 줄 수 있지만, 지금처럼 겨울이 깊어 가면 군입을 다실 만한 것이 아무것도 없었습니다. 전에 살던 대봉동 집에는 감나무가 열두 그루나 있었습니다. 그래서 다른 건 몰라도 홍시감만은 변비가 생겨 며칠씩 변소에도 가지 못할 만큼 겨우내 실컷 먹을 수 있었는데, 이 집에는 감나무가 한 그루도 없어 감은 구경조차 할 수 없었습니다.

여름이라면 개천가 밭에 나가서 버려진 무라도 한두 뿌리 주워다 동생들하고 나눠 먹을 수 있으련만, 겨울엔 정말이지 먹을 만한 것이 하나도 없었습니다.

잠든 영래의 머리맡에 장군 그림이 반쯤 그려진 시험지 한 장이 놓여 있었습니다. 얼마 전 학교에서 치른 일제고사(시·군별로 한꺼번에 치르는 시험) 시험지 뒷면에 그린 것입니다. 영래는 빈 종이만 보면 꼭 그림을 그려 놓았습니다.

'쟤는 왜 저런 그림만 그릴까? 사내아이라서 그런가?'

순옥은 성래의 베개를 고쳐 주고 이불을 끌어당겨 주었습니다. 성래가 쩝쩝 입맛 다시는 시늉을 하면서 돌아누웠습니다.

'배가 고프기도 하겠지……. 꿈 속에서라도 실컷 배부르게 먹으렴.'

순옥은 설거지를 하러 부엌으로 나갔습니다. 저녁을 먹고 그릇을 담가 둔 설거지통에 살얼음이 끼어서 손을 담그니 온몸이 오싹해졌습니다.

설거지를 끝낸 뒤 개숫물을 집 밖 도랑에 버리고 막 돌아서려는데 발소리가 들렸습니다.

"엄마예요?"

"응, 니다. 애들은 자니?"

"금방 다 잠들었어요."

"부지런히 온다고 왔는데…….."

방에 들어가자 어머니는 등에 업고 있던 중래를 아랫목에 눕히고 품 속에서 사탕 몇 알을 꺼냈습니다.

"얘야, 사탕 한 알 물어 보렴."

"아녜요, 전 괜찮아요. 내일 동생들하고 같이 먹을게요."

어머니는 어쩌다 밖에서 먹을 것이 생기면 자식들이 눈앞에 어른거려서 자신은 입에 대 보지도 않고 가져옵니다.

　아버지는 다시 사업을 일으킬 궁리를 하느라 아침에 나가면 밤이 이슥해서야 돌아왔습니다. 아버지도 가족들이 고생하며 사는 것이 늘 마음에 걸렸습니다. 옛말에 "호랑이보다 빚이 더 무섭다."더니, 정말 그 말이 하나도 틀리지 않았습니다. 빚을 지고 나니 사업이고 가정 생활이고 걷잡을 수 없는 수렁으로 빠져 들어가는 것만 같았습니다. 느는 것이라곤 짜증과 한숨뿐이었습니다.

　아버지는 곤히 자고 있는 아이들 곁에 앉아 오랫동안 말없이 한숨만 내쉬었습니다. 어머니는 뭐라고 아버지를 위로해 줘야 할지 몰라 아이들 한쪽 곁에 가만히 몸을 뉘었습니다.

　겨울 밤은 길었습니다. 아버지의 한숨 소리도, 어머니의 지친 숨결도 이내 펑펑 쏟아지는 눈 속에 파묻혔습니다.

서쪽 창문에서 들어오는 햇빛

가난 속에서도 아이는 또 태어났습니다. 그새 중래 밑으로 여동생 순경이가 태어나 이제 영래의 형제는 모두 일곱이 되었습니다.

어머니는 날이면 날마다 남몰래 눈물로 옷고름을 적시며 살아갈 궁리를 하느라 바빴습니다.

'이 아이들을 다 어떻게 먹이고 가르치나…….'

살림은 점점 더 쪼들리기만 했습니다. 아버지는 사업을 다시 일으킬 만한 기회를 찾지 못했습니다. 어머니는 깊은 속앓이로 가슴에 무거운 납덩이가 하나 달려 있는 것 같았습니다.

대구에서 어떻게든 다시 사업을 일으켜 보려고 몸부림을 쳤지만 더는 어떻게 할 도리가 없자, 아버지는 단단히 마음먹은 듯 어머니에게 조용히 이야기를 꺼냈습니다.

"당신이 고생이 많구려. 하지만 여기선 더 어떻게 해 볼 도리가 없소. 물건값 받는 일도 이젠 포기해야 할 것 같고 빚쟁이들한테 계속 시달리고 있을 수만도 없고 하니, 아무래도 여기를 떠야 할 것 같소."

"여길 뜨다니요? 대구를 뜨면 어디 갈 만한 데가……."

"서울로 가야겠소. 어차피 새 출발을 할 거면 아이들 장래를 생각해서라도 서울로 가는 게 좋을 것 같소."

아버지는 더 이상 아무 말도 하지 않았습니다.

어머니는 고향 청송에서 대구로 오던 날이 떠올랐습니다. 큰딸 순옥이가 네 살, 둘째 딸 순희가 갓난아이일 때였습니다. 그때만 해도 아이들이 둘뿐이었고 어머니 아버지 자신들도 한창 젊은 때였으므로, 고향을 뜬다는 아쉬움말고는 시골에서 도시로 나오는 게 그다지 두렵지 않았습니다.

그러나 지금은 사정이 다릅니다. 아이들은 줄줄이 일곱이나 되는데다가 아버지와 어머니도 이제 나이가 들어 버렸습니다.

"물 설고 낯선 서울에 가서 어떻게 살아간단 말이에요?"

아버지는 대답 대신 한숨만 푹 쉬었습니다.

"여보, 무작정 서울로 가면 어떡해요? 애들하고 다리 펴고 누울 자리도 없잖아요?"

잠시 침묵이 흘렀습니다.

한참을 그렇게 아무 말 않고 있던 아버지가 마침내 말문을 열었습니다.

"우선 나 혼자 올라가겠소. 올라가서 자리가 잡히면 당신하고 애들을 차근차근 부르리다."

얼마 뒤에 아버지는 아는 사람과 서울로 가서 같이 비누 공장을 하기로 하고 대구를 떠났습니다.

아이들이 단잠에 빠져 있을 때, 아버지는 어머니의 배웅을 받으며 서울로 가는 완행 열차에 몸을 실었습니다.

"여보, 몸 건강하셔야 해요."

"알았소. 당신도 애들하고 잘 지내구려."

서울 가는 열차는 기적 소리를 길게 한 번 울린 뒤 덜커덩거리며 출발했습니다. 그러나 헤어지는 아버지와 어머니의 머릿속은 시끌벅적한 완행 열차보다도 더 복잡했습니다. 서로의 머릿속에선 오만 가지 생각들이 왔다 갔다 하면서 가슴을 짓누르기도 하고, 새 출발에 대한 설렘과 두려움이 동시에 밀려들어 가슴이 뛰기도 했습니다.

아버지가 서울로 간 뒤, 어머니와 7남매는 그 해 겨울을 대구에서 더욱 힘겹게 났습니다. 아버지한테서는 여전히 별 신통한 소식이 없었고, 어머니 혼자만의 힘으로 7남매를 다 먹여 살리기에는 몹시 벅차고 힘든 나날이 이어졌습니다.

그나마 겨울이 지나고 초봄이 되면서부터는 그 동안 하루하

루 겨우 대 오던 식량도 더는 구할 도리가 없었습니다.

'아, 어떡하면 좋아. 저 어린것들 배를 곯게 하다니……. 내가 무슨 죄가 이리 많은가!'

어머니는 홀로 가슴을 쥐어뜯으며 한숨지었습니다. 그러나 별 뾰족한 수가 떠오르지 않았습니다.

'고향에 한번 가 볼까? 거기엔 친척들이 많이 사니까 입에 풀칠이라도 할 만한 방법이 있을지 몰라.'

썩 내키지는 않았지만 어머니는 고향 청송에 가서 식량을 얻어 오기로 했습니다.

"순옥아, 나 며칠 시골에 좀 다녀올 테니, 그 동안 동생들 잘 데리고 있어라."

"시골엔 왜요? 먹을 것 얻으러요?"

"그래……."

어머니는 말끝을 흐렸습니다.

어머니가 시골에 간 뒤, 순옥은 한 줌도 안 되는 곡식을 박박 긁어서 물을 한 솥 가득 붓고 죽을 끓였습니다. 그렇게 해야 조금이라도 더 불기 때문입니다. 그리고 시래기를 얻어다가 된장국도 한 솥 끓였습니다. 반찬이라곤 간장조차 없었습니다. 희멀건 잡곡죽에 시래깃국 한 그릇, 그게 어머니가 돌아올 때까지 먹고 지내야 할 양식의 전부였습니다.

그런데 하필이면 그때 영래만 빼고 나머지 아이들이 모두 독감에 걸렸습니다. 먹는 것도 시원찮은데다가 독한 감기까지 걸려 아이들은 움직이지도 못하고 좁은 방 안에 줄줄이 드러누워 있었습니다.

어린 동생들에게 약 한 알 사 먹일 돈도 없고 따뜻한 밥 한 그릇 먹일 재주도 없어 순옥은 애가 탔습니다.

'마이신이라도 몇 알 있으면 좋을 텐데. 이러다가 애들이 잘못되기라도 하면 어쩌지?'

그때 서쪽으로 난 창문을 통해서 희미한 햇빛 한 줄기가 비집고 들어왔습니다. 아마 해질녘이 다 되었던 모양입니다. 불기운도 돌지 않는 썰렁한 방에 들어온 햇빛 한 줄기는 몹시 서글픈 분위기를 자아냈습니다.

순옥은 그때 여학교 졸업반이라서 세상 이치도 알고 감수성도 한창 예민한 그런 나이였습니다. 순옥은 자신이 놓인 상황이 정말 아득하고 답답하게만 여겨졌습니다.

동생들이 누워 있는 모습을 슬픈 눈으로 보고 있노라니, 어릴 때 주일 학교에서 배운 찬송가가 절로 읊조려졌습니다. 그러다가 문득 창문을 두드리고 지나가는 바람 소리에 서울 간 아버지 생각이 났습니다.

순옥은 허기와 감기로 가물가물해지는 정신을 가다듬으려고 늘 부르던 노래를 나지막하게 부르기 시작했습니다.

뜸북뜸북 뜸북새 논에서 울고
뻐꾹뻐꾹 뻐꾹새 숲에서 울 제
우리 오빠 말 타고 서울 가시며
비단 구두 사 가지고 오신다더니.

기럭기럭 기러기 북에서 오고
귀뚤귀뚤 귀뚜라미 슬피 울건만
서울 가신 오빠는 소식도 없고
나뭇잎만 우수수 떨어집니다.

　동생들 곁에 누워 가물거리는 정신을 놓치지 않으려고 애쓰며 입술로 노래를 달싹거리고 나자, 양쪽 귓불 밑으로 눈물이 주르륵 흘러내렸습니다.
　'아버지는 정말 돈을 빌어 오실까? 모두들 아파서 이러고 누워 있는 걸 아버지가 아시기나 할까?'
　그때 다른 아이들 틈에 같이 누워 있던 영래의 목소리가 순옥의 귓가에 아련히 맴돌듯이 들려왔습니다.
　"누나, 왜 갑자기 그런 노랠 불러?"
　8분의 6박자 노랫가락에서 묻어나는, 왠지 모르게 구슬픈 감정이 도는 그 노래를 곁에 누워 있던 영래가 들었던 것입니다.
　"그냥, 심심해서. 아니, 창문으로 들어오는 햇빛을 보니까 아버지 생각이 나서."

"아버지도 아버지지만, 시골 간 엄마는 왜 안 오시는 거야?"

"금방 오시겠지. 친척집 몇 군데 둘러보고 금방 온다고 하셨어. 어쩌면 지금 절반쯤 오고 계신지도 몰라."

"누나, 우리 엄마 마중 갈래?"

"마중? 안 돼. 너까지 감기 걸리면 어떡하려구."

다른 아이들은 죽은 듯이 이불을 뒤집어쓰고 조용히 누워 있었습니다. 영래도 순옥의 그 말에 입을 다물었습니다.

햇빛이 들던 창문도 점점 어두워지고 있었습니다. 다시 순옥의 입에서 노래가 흘러나왔습니다.

    보일 듯이 보일 듯이 보이지 않는
    따옥따옥 따옥 소리 처량한 소리
    떠나가면 가는 곳이 어디 메이뇨
    내 어머니 가신 나라 해 돋는 나라

영래도 순옥이 부르는 〈따오기〉 노래를 따라 불렀습니다.

"보일 듯이 보일 듯이 보이지 않는……."

해지기 전부터 시작된 노래는 사방이 깜깜해진 뒤에도 한참 동안 이어졌습니다.

그날도 시골 간 어머니는 돌아오지 않았습니다.

서울 생활의 시작

서울로 간 아버지는 아는 사람과 함께 비누 공장을 차렸습니다. 공장이라곤 하지만 시설도 보잘것없고 종업원도 몇 안 되는 아주 작은 규모였습니다. 게다가 남하고 어울려서 함께 하는 것이었기 때문에 겨우 생계만 이어 가는 정도였습니다.

그렇지만 가족들은 이미 서울에서 합치기로 했으므로, 순옥이와 영래가 먼저 서울로 갔습니다.

"여기가 서울이야, 누나? 이제 여기서 사는 거야?"

영래는 5학년 때 서울 수송 국민학교로 전학했고, 큰누나 순옥은 곧 대학생이 되었습니다.

먹고살기도 힘든 형편에 대학생이 된 순옥은 학교 등록금은 장학금으로 해결하고, 학교에 다녀오고 나서 나머지 시간에는 집안일을 거들었습니다.

 순옥은 특히 영래를 맡아서 가르치는 데 힘을 기울였습니다. 대구에서는 공부를 곧잘 했던 영래가 전학을 하고 나서 갑자기 거의 꼴찌에 가깝게 성적이 떨어져 버렸기 때문입니다.

 "아니, 얘가 이게 웬일이지? 영래 너, 안 되겠다. 이제부터 나랑 같이 공부 좀 해야겠다."

 순옥은 우선 영래의 공부 습관부터 잡아 줘야겠다고 생각했습니다.

 집안 형편이 좋지 않은데다 갑자기 낯선 환경에 들어와 살게 된 영래였습니다. 학교생활에 제대로 적응하지 못하면 고집쟁이 동생이 나쁜 길로 빠져 버릴지도 모른다는 생각이 들자, 순옥은 영래를 붙들어 놓고 가르치기 시작했습니다.

 다행히 영래는 순옥의 지도에 보답이라도 하듯 서울로 전학 온 지 한 학기 만에 상위권에 들게 되었습니다.

 '가난하면 공부라도 잘해야 한다! 안 그러면 중학교에도 못 간다.'

 가난에 질릴 대로 질린 순옥은 그렇게 생각했기 때문에, 때로는 영래에게 지나칠 정도로 많은 걸 요구하기도 했습니다. 꿀밤을 먹이며 야단치는 횟수도 점점 늘어났습니다.

 "잘못한 것도 별로 없는데 누나는 왜 자꾸만 꿀밤을 먹이는 거야?"

"누나가 보기엔 네가 아직도 정신을 덜 차렸단 말야. 아는 걸 자꾸 틀리니까 그러지."

"내가 뭘 아는 걸 틀렸다고 그래? 모르니까 틀리는 거지. 모르면 틀리는 게 당연한 것 아냐?"

"아무튼 틀린 문제는 열 번 더 쓰고 정리해!"

그러면서 순옥은 또 영래의 머리통을 쥐어박았습니다.

하지만 영래는 아무리 생각해 봐도 잘못한 것이 없었습니다. 그래서 순옥이 일방적으로 혼을 내는 게 늘 불만이었습니다. 누나가 하라니까 시키는 대로 하긴 하지만 속으로는 도저히 받아들일 수가 없었습니다. 그러다가 영래는 속병이 나 온몸에 열이 오르더니, 학교에도 갈 수 없을 만큼 정도가 심해져 사흘 내내 앓아눕고 말았습니다.

순옥은 속으로 덜컥 겁이 났습니다.

'아니, 애가 그렇게도 자존심이 상했단 말이야? 어이쿠, 공부 좀 시키려다 애 잡겠구나.'

그때부터 순옥은 영래를 대할 때마다 모든 일에 조심하게 되었습니다. 나이는 비록 자기보다 한참 어렸지만, 생각하는 것은 벌써 어른 이상이었기 때문입니다. 영래는 누가 되었든 옳지 못한 지시나 명령을 내리면 결코 받아들일 수 없다는 생각을 갖고 있는 아이였습니다.

한편, 그 당시 중학교 입학 시험에는 선생님이 풍금으로 치는

곡을 듣고 오선지에 그걸 옮겨 적는 문제가 있었습니다. 집에 건반 악기가 있을 턱이 없었습니다. 그래서 순옥은 동생에게 음악 실기를 연습시키지 못하는 것이 몹시 안타까웠습니다.

어떻게 하면 동생에게 음악 실기를 연습시킬 수 있을까 궁리하던 순옥에게 마침 좋은 생각이 떠올랐습니다.

'그래! 교회에 가서 잠깐만 풍금을 빌리자.'

순옥은 영래를 데리고 가까운 교회로 가서 교회 풍금으로 중요한 곡을 직접 짚어 주면서 영래에게 머릿속으로 악보를 떠올려 보게 했습니다.

순옥의 열성 덕분에 마침내 영래는 경기 중학교 입학 시험에 무난히 합격할 수 있었습니다. 많은 부모들이 자식을 일류 중학교에 들여보내려고 요란한 치맛바람을 일으키고 다니던 때여서, 어렵게 공부해 이루어 낸 영래의 합격은 더욱 뜻깊었습니다.

영래가 중학교에 입학할 무렵, 어머니와 순희를 비롯해 대구에 남아 있던 나머지 식구들도 모두 서울로 올라왔습니다. 몇 년 만에 식구들이 한 자리에 모이자 참으로 오랜만에 웃음꽃이 활짝 피었습니다.

"이제야 다들 모였구나. 이게 얼마 만이냐? 야, 너희들 키가 부쩍 자랐구나!"

영래의 경기 중학교 입학식을 앞두고 어머니는 종로에 있는 신생복장이라는 교복 맞춤집에 가서 모자와 교복 한 벌을 샀습

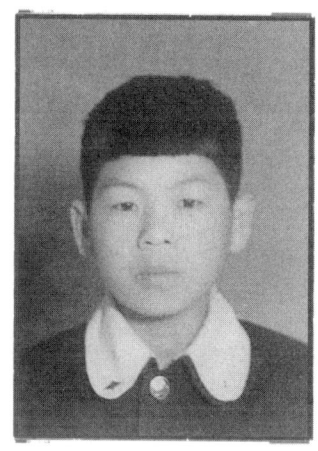

경기 중학교에 입학할 당시 조영래의 모습입니다.

당시 조영래가 다녔던 화동의 경기 중·고등학교 건물입니다.

니다.

"어머니, 학교 다녀오겠습니다."

살림 형편은 여전히 어려웠지만, 어머니는 경기 중학교 교복을 입은 큰아들의 모습을 바라보기만 해도 힘이 절로 솟았습니다. 그리고 자식들이 고맙게 생각되었습니다. 그 동안 먹고 입는 것조차 제대로 챙겨 주지 못했는데도, 저희들끼리 서로 도우며 앞길을 터 주는 것이 대견하기만 했습니다.

아버지의 사업은 뜻대로 되지 않았습니다. 아버지는 불의와 타협하지 못하는 성격이라 썩어빠진 관리들과 뒷거래를 하지 않아 제대로 일을 할 수 없는 상황이었습니다. 그리하여 서울 생활을 시작하자마자 가족들은 또다시 어려움에 부딪히게 되었습니다. 식구는 많은데다가 돈이 없어서 무엇보다 방을 얻기가 힘들었습니다.

아버지는 7남매의 앞날을 생각할 때마다 속이 바짝바짝 타 들어갔지만, 이미 자신의 힘으론 도저히 헤어날 수 없는 캄캄한 굴 속에 갇혀 버린 상태였습니다. 아버지는 그저 막막하기만 했습니다.

그렇지만 떳떳하지 못한 방법으로 돈을 벌어서 잘사는 것보다는 가난하더라도 떳떳하게 사는 것이 바른길이라고 생각한 아버지는 늘 아이들에게 "나물 먹고 물 마시고 팔을 베고 누웠으니 대장부 살림살이 이로써 충분하다."는 옛말을 들려주었습니다.

다행히 7남매는 어려운 환경에서도 웃음을 잃지 않고 꿋꿋하게 살아가는 지혜를 스스로 익히고 있었습니다. 어머니는 그런 대견한 자식들 보기가 민망하여 혼자서 남몰래 눈물을 훔치곤 했습니다.

하지만 어찌 보면 가족들이 이렇게 한 자리에 모여서 흩어지지 않고 산다는 것만도 행복이라는 생각이 들었습니다. 그래서 산 사람 목구멍에 거미줄 치는 일은 없으리라 위안을 하며 어머니는 애써 기운을 냈습니다.

'내 재산은 오직 자식들뿐이다. 이젠 나라도 나서야 자식들 밥이라도 안 굶기지. 전보다 더 열심히 사는 수밖에.'

그 뒤로 어머니는 정말 억척스럽게 살았습니다. 궂은 일 좋은 일 가리지 않고 닥치는 대로 일을 했습니다. 어머니의 이러한 생활 태도는 두고두고 자식들에게 보이지 않는 큰 힘이 되었습니다.

사춘기

가족이 서울로 모두 옮긴 지 얼마 지나지 않아 영래네 식구들은 안암동에 새로 둥지를 틀었습니다. 안암동에는 산이 있고 개운사와 대원암 같은 절이 있어서 영래는 무척 좋았습니다.

집안 살림은 나아지지 않았지만 영래 형제들은 불평하지 않았습니다. 오히려 성실하게 열심히 살려고 애쓰는 부모님을 이해하는 편이었습니다.

안암동에서는 방 두 칸에 자그마치 열 식구가 살았습니다. 영래네 7남매에 아버지와 어머니, 거기에다 이종 누이까지 얹혀 살고 있었습니다. 그래서 공부방은커녕 두 발 쭉 뻗고 편히 누워 자기에도 비좁았습니다.

이처럼 어려운 형편에서도 누나들은 스스로 학비를 벌어 가며 차례로 대학생이 되었습니다. 영래도 동생들을 챙겨 주는 한편으로 짬짬이 주인집 아이들 공부를 가르쳐서 학용품값 정도는 스스로 벌어 썼습니다.

집이 비좁아서 영래는 학교에 갔다 오면 성래를 데리고 대원암이 있는 동네 뒷산에 가서 공부를 하곤 했습니다. 성래는 형이 산에 가자 하면 돗자리를 둘러메고 따라 나설 채비를 했습니다. 영래는 조그마한 밥상 하나와 책을 들고 앞장을 섰습니다.

영래는 성래에게 단 한 번도 공부에 대해 이래라저래라하지 않았습니다. 스스로 공부하는 모습을 그냥 보여 주기만 할 따름이었습니다. 성래는 형이 공부하는 모습을 보고 당연히 저렇게 해야 하나 보다 생각하고 따라서 했습니다.

성래가 보기에 형은 중학생이 되면서부터 어딘지 모르게 갑자기 어른스러워진 것 같았습니다. 그래서 예전처럼 함부로 까불며 대할 수가 없었습니다.

원래 영래는 황소 같은 고집쟁이였고, 성래는 토라지기를 잘하는 삐죽쟁이였습니다. 그러나 영래는 동생들에게만은 고집을 부리지 않았습니다. 그래서 그런지 성래도 형 앞에서만큼은 토라지지 않았고, 형의 말이라면 고분고분 다 들어야 하는 걸로 알았습니다.

영래와 성래는 언제나 나무 그늘 밑에 돗자리를 펴 놓고 공부했습니다. 그러다 지치거나 따분해지면 영래는 어디서 났는지

주머니에서 하모니카를 꺼내 불었습니다.

성래는 형이 놀자는 말을 하지 않으면 감히 먼저 놀자는 말을 꺼낼 수 없었기 때문에, 형이 하모니카 불 때만을 목이 빠지게 기다렸습니다. 하모니카를 불고 나면 거의 집에 돌아갈 시간이 되곤 했기 때문입니다.

집에 돌아오면 영래는 헌 신문지나 묵은 잡지들을 유난히 열심히 보곤 했습니다. 가끔은 사진을 오려 내기도 했는데, 대부분이 유명한 정치가들의 사진이었습니다. 영래는 그런 사람들 사진에서 눈 있는 부분을 파내거나, 그런 사람들 머리 위에다 잡지에서 오려 낸 여자들 그림을 붙여 놓았습니다.

"형, 왜 그렇게 하는 거야?"

"응, 이 남자들이나 이 여자들이나 하는 짓이 다 똑같거든."

이승만의 자유당 정권이 3·15 부정 선거를 치를 정도로 세상이 썩을 대로 푹 썩어 있던 시점이었습니다.

성래는 형의 말뜻을 잘 이해할 수 없었습니다. 왠지 사진 속의 높은 사람이 당장 쫓아와 사진을 버려 놨다고 혼낼 것만 같아 가슴이 콩닥거리고 겁이 났습니다. 그러나 영래는 그런 사람들의 사진이나 그림이 나오면 꼭 오려서 태연하게 다른 얼굴에 붙여 놓는 습관을 버리지 않았습니다.

'형은 중학생이니까 다 뜻이 있어서 저렇게 하는 거겠지, 뭐.'

성래는 형이 하는 일이니까 무조건 따르기로 했습니다. 그래서 영래가 없을 때는 자기도 그런 사진을 오려 내어 영래가 하는 것처럼 해 보기도 했습니다. 하지만 영래는 동생에게는 그런 놀이를 못 하게 했습니다.

1960년, 부패한 자유당 정권에 대항해 4·19 혁명이 일어났습니다. 마침내 이승만이 대통령 자리에서 물러났습니다. 그제야 영래는 성래에게 차근차근 세상 이야기를 해 주었습니다.

성래가 느끼기에 형은 어디서 주워들었는지 아는 것도 참 많은 것 같았습니다. 그렇지만 아직 어린 성래는 형이 왜 그런 따분한 일에 관심이 많은지 이해할 수 없었습니다.

비가 오지 않는 한, 산에 올라가서 공부하거나 노는 일은 거의 날마다 계속되었습니다. 어쩌다 영래는 동생을 떼어 놓고 더 먼 곳까지 다녀오는 눈치였습니다. 하지만 성래는 형이 어디까지 가서 놀고 오는지 알 수 없었습니다. 그저 형이 없으면 심심하다는 생각뿐이었습니다.

그때 영래는 뒷산을 넘어 돈암동까지 가서 친구들을 사귀곤 했습니다. 영래는 천성이 사람을 좋아하고, 친구를 금방 사귀는 재주를 타고났습니다. 영래는 자기보다 서너 살씩 많은 형들하고도 금세 친해져 친구처럼 지내곤 했습니다.

중학교 상급 학년이 되면서 영래는 차츰 개운사나 대원암의 스님들을 만나러 다녔습니다. 산에 오르내리면서 자연스레 개운사와 대원암에 들르게 되었던 것입니다. 젊은 스님들하고는 아주 잘 아는 사이처럼 장난도 치며 지냈습니다. 노스님에게서는 한문과 불경도 배웠습니다.

대원암은 개운사에 딸린 암자로, 근대의 고승(학덕이 높은 스님)으로 일컬어지는 석전 박한영 스님이 일찍이 불교 전문 강원(부처님의 가르침이 적힌 경전을 주로 가르치고 배우는 절)을 열어 불교계의 인재들을 키워 낸 곳이기도 합니다.

영래는 차츰 스님들의 생활이 궁금해졌습니다. 또 그곳에서 뭘 하는지도 알고 싶었습니다.

'스님들은 왜 가족을 버리고 저렇게 머리를 깎고 살까?'

어느 날, 영래는 주지 스님과 인사를 하게 되었습니다.

"스님, 스님들은 무엇 때문에 머리를 깎고 가족도 없이 사시는지요?"

"음, 아주 어려운 질문이구나. 학생은 무엇 때문에 산다고 생각하나?"

영래는 한참 동안 생각한 끝에 입을 열었습니다.

"글쎄요, 기왕 세상에 태어났으니 뭔가 사는 뜻이 있긴 있을 것 같은데, 그게 뭔지 손에 잡힐 만큼 확실하지는 않습니다."

"호오, 그래? 뭔가 사는 뜻이 있긴 있을 것 같단 말이지?"

"네……"

"그렇지. 우리가 이 세상에 태어난 것은 다 나름대로 이유가 있어서이지. 사람은 물론이거니와 아무리 하찮아 보이는 벌레

한 마리라도 이 세상에 태어난 데에는 모두 저 나름대로 이유가 있단다. 그런데 문제는 생명이 붙어 있는 한 이 세상에 생명을 갖고 태어난 것에는 항상 고통이 따라다닌다는 거야. 그리고 끝내는 죽음이 찾아오지. 그래서 스님들은 중생의 고통스러운 삶과, 또 그 삶의 끄트머리에 있는 죽음의 문제를 풀어 보려고 머리를 깎고 가족도 없이 절에서 사는 거란다."

주지 스님은 이어서 부처님이 사람이 태어나서 늙고 병들고 죽는 과정을 되풀이하는 것을 보고 그러한 고통에서 벗어날 방법이 없을까 고민하다가 수행의 길을 걷게 되었다는 이야기, 나중에는 삶과 죽음의 문제로 고통받는 이웃들에게 자기가 깨달은 것을 전해 주기 위해 온몸으로 애썼다는 이야기들을 들려주었습니다.

또한 생명이 있는 모든 것들의 고통을 덜어 주려는 노력이 곧 '자비'라는 말도 해 주었습니다.

"불교를 흔히 산 속에서 도나 닦는 종교로 알고 있지만, 불교의 진짜 모습은 사회 속에서 자비를 실천하는 거란다. 강자한테 당하고만 사는 사람, 몸이 아파 고통받는 사람, 먹을 것이 없어 굶주리는 사람 등 우리 사회에는 강한 사람보다 약한 사람이 훨씬 많지. 약한 사람들의 고통을 함께 나누고 그 고통을 덜어 줌으로써, 나와 너 모두가 본래 이 세상에 올 때 지녔던 생명의 의미대로 살 수 있도록 도와주고 마음을 쓰는 것이 바로 자비야.

그 자비 정신이 불교의 진정한 가르침이란다."

마침 영래는 나름대로 현실과 삶의 문제에 대해서 생각해 오던 중이었습니다. 그러던 차에 스님의 말씀을 들으니 느끼는 점이 많았습니다. 그 뒤로 영래는 틈이 날 때마다 절을 드나들며 스님들에게서 한문과 불경을 배웠습니다.

덕분에 영래의 한문 실력은 하루가 다르게 부쩍부쩍 늘었습니다. 중국 북송 때의 시인 소동파가 써서 명문장으로 알려진 「적벽부」라든가 『삼국지』에 나오는 제갈량이 군사를 일으켜 싸우러 갈 때 썼다는 「출사표」, 그리고 불교의 핵심을 정리해 놓은 「반야심경」 같은 불교의 경전을 한문으로 줄줄 외고 쓰는 것은 물론 그 속에 담긴 뜻까지 웬만큼 이해할 수 있는 정도가 되었습니다.

영래는 중학교를 거치면서 누나들뿐 아니라 부모조차도 함부로 대하지 못할 만큼 성숙해 가고 있었습니다. 모든 일에 조심스러운데다 스스로 뜻이 뚜렷하고 이치에 따라 말하고 행동했기 때문에 어른들도 영래의 말을 따르지 않을 수 없었습니다.

영래는 그때부터 부지런히 책을 읽기 시작했습니다. 우리 나라의 고전은 말할 것도 없고 『삼국지』를 비롯한 중국의 고전도 닥치는 대로 읽었으며, 절에서 불경 해설서를 빌려 와 밤을 지새우며 읽기에 골몰했습니다.

그 무렵 세상은 또 한바탕 회오리바람에 휩쓸리고 있었습니다. 5·16 군사 쿠데타(박정희가 중심이 되어 군인들이 군사적인 힘으로 정권을 잡은 일)가 일어나 세상이 어수선했습니다. 군인들은 자기들 뜻에 거슬리는 사람들을 마구 잡아갔습니다.

영래는 자기가 속한 세계가 너무 어이없이 돌아가고 있다는 생각이 들었습니다. 모든 것이 시시하고 하찮게만 여겨졌습니다. 영래는 비록 중학교 3학년밖에 안 되었지만, 벌써 세상 이치를 다 깨달은 듯한 느낌이 들 정도로 정신적으로 성숙해 있었던 것입니다.

'이렇게 사는 게 인생인가? 만날 일어나면 학교에 가고, 학교에 갔다 오면 또 그 생활이 그 생활이고……. 세상이 뭔가? 인생이 뭔가? 학교에서는 영어, 수학은 가르쳐 주지만 세상이 뭔지, 인생이 뭔지, 아니 그보다도 삶과 죽음이 뭔지에 대해서는 가르쳐 주지를 않아. 그렇다면…….'

사춘기에 접어들면서 이런 고민에 빠진 영래는 스님이 되기로 마음먹고 가출을 하게 됩니다.

영래가 집을 나가자 집에서는 난리가 났습니다. 누구보다도 어머니가 어쩔 줄 몰라 했습니다.

그러나 아버지는 태연하게 말했습니다.

"그 녀석은 모든 걸 알아서 할 만한 나이니까 너무 걱정하지 말아요. 곧 돌아올 거요."

과연 아버지의 말대로 영래는 사흘 만에 다시 집으로 돌아왔습니다. 어머니는 맨발로 뛰어나가 영래를 부둥켜안았습니다.

"아이고 영래야, 어디 갔다 오는 길이냐?"

"죄송해요, 어머니."

영래는 죄송하다는 말밖에 더는 말을 할 수 없었습니다. 스님이 되려고 집을 나가긴 했지만, 무엇보다도 어머니 얼굴이 눈앞에 아른거려 견딜 수가 없었습니다. 영래에게 어머니는 이 세상 그 무엇과도 바꿀 수 없는 소중한 존재였습니다.

'고생만 하시는 우리 어머니. 효도는 못 할망정 최소한 어머니 가슴에 못 박는 일만큼은 하지 말자.'

그때부터 영래는 겉보기엔 아주 평온한 아이로 되돌아왔습니다. 곧 중학교 입학 시험을 치러야 할 성래의 공부도 전과 다름없이 돌봐 주고, 주인집 아이들 공부도 봐 주면서 지냈습니다. 새벽에는 가끔씩 산에 올라 웅변 연습을 하며 목을 틔우기도 했습니다.

인생에 차츰 눈을 떠 가며 남달리 일찍 성숙해 버린 중학교 시절을 마치고, 영래는 고등학교에 진학하게 됩니다. 그 고등학교는 영래가 3년을 보낸 경기 중학교와 같이 붙어 있는 경기 고등학교입니다.

성래도 형을 뒤따르듯 경기 중학교에 진학했습니다.

어이구, 이 바보야!

영래와 성래가 각각 고등학교와 중학교에 입학할 즈음, 영래네는 또 이사를 했습니다. 새로 이사 간 곳은 수유리였습니다.

그곳은 전에 살던 집보다 훨씬 넓었습니다. 하지만 아버지가 아직도 새 일자리를 구하지 못하고 있었기 때문에 생활이 어렵기는 마찬가지였습니다.

학교가 너무 먼 것도 문제였습니다. 학교에 가려면 버스를 두 번 타야 하는데, 집안 형편으로는 날마다 두 번씩 탈 버스비를 댈 수가 없었습니다. 그래서 영래와 성래는 버스를 한 번만 타고 나머지 길은 걸어서 다녔습니다.

"성래야, 우리 튼튼한 신발 하나씩 사서 신고 걸어다니자."

영래 형제는 그 길로 남대문시장에 가서 군인들이 신는 튼튼한 군화를 산 뒤, 군화 목을 짧게 잘랐습니다. 운동화보다는 아무래도 군화가 튼튼하니까요. 영래 형제는 여름이든 겨울이든 가리지 않고 까만 군화를 신고 학교에 다녔습니다.

성래는 형이 다니던 학교에 다니게 되었다는 사실만으로도 가슴이 뿌듯했습니다. 그래서 아침마다 일찍 일어나 후닥닥 세수를 하고, 형이 학교 갈 준비를 마치기만을 기다렸습니다.

그러나 영래는 언제나 느릿느릿 천하태평이었습니다. 어쩌다 어머니의 아침 준비가 늦어져도 밥그릇을 싹싹 비운 뒤에야 자리에서 일어났습니다.

"형, 늦었어. 얼른 가야 해!"

성래가 안달이 나서 보채도, 영래는 한번 씽긋 웃고 나서 태연히 숟가락질만 계속하는 것이었습니다.

"빨리 가면 무슨 용뺄 일이라도 있니?"

"형, 그러면 천천히 먹고 와. 나 먼저 간다."

그러자 갑자기 영래가 소리를 꽥 질렀습니다.

"꼼짝 말고 기다리고 있어! 먼저 가면 가만 안 둘 테야."

성래는 형의 고함 소리에 찔끔해서 밖에서 가방을 든 채 기다리고 서 있어야 했습니다. 영래는 여유 있게 밥을 다 먹고 숭늉까지 쭉 들이켠 뒤 신발을 질질 끌며 밖으로 나섰습니다. 아침밥을 안 먹고 가면 어머니가 속상해할까 봐 영래는 조금 늦더라도 밥을 꼬박꼬박 다 먹곤 했습니다.

결국 그날도 영락없이 지각을 했습니다. 영래와 성래는 경기 중·고등학교에서 소문난 '만년 지각생'이었습니다.

그런데 영래는 어른이 되어서도 모임에 종종 늦었습니다. 친구들 사이에서 '조영래 타임'이라는 말이 돌 정도였습니다. '조영래 타임' 하면, 늦는다는 뜻인 동시에 나타나기는 꼭 나타난다는 뜻으로 통했습니다. 사실 영래가 약속 시각을 못 지킬 때가 많은 건 주로 남의 딱한 이야기를 들어주느라 선뜻 자리에서 일어나지 못하기 때문이었습니다.

성래는 형이 아침에 좀 일찍 서둘러 주기만 한다면 더 바랄 게 없을 것 같았습니다. 형하고 같이 학교에 다니는 동안 제일 못마땅한 점은 형의 늑장이었습니다. 하지만 언제나 똑같은 형의 말은 "빨리 가면 무슨 용뺄 일 있니?"였습니다.

그럭저럭 학교 생활에 적응하는 동안 여름이 되었습니다. 성래는 두꺼운 겨울 교복을 벗고 파란색 여름 교복 윗도리를 입게 되었습니다. 중학생이 되어 처음으로 여름 교복을 입게 된 성래는 어머니가 내준 교복에 명찰과 배지를 옮겨 달고 학교에 갔습니다.

교실 안에 들어선 성래는 자리에 앉아 있는 반 친구들을 보고 눈이 휘둥그레졌습니다. 같은 반 친구들의 윗도리는 모두 진한 파란색인데, 자기 것은 거의 하늘색에 가까운 연한 파란색이었기 때문입니다.

'이상하다. 어머니가 옷 색깔을 잘못 아셨나?'

성래는 고개를 갸우뚱거렸습니다. 성래는 아이들 옷 색깔과 자기 옷 색깔을 흘깃흘깃 견주어 보며 오전 수업을 마쳤습니다.

성래가 점심 도시락을 부리나케 까 먹은 뒤, 친구들과 운동장에 나가 놀려고 복도를 막 뛰어갈 때였습니다. 자기 옷 색깔과 거의 같은 색깔의 옷을 입은 학생이 지나가고 있었습니다. 성래는 반가운 마음에 그 학생의 뒤에서 말을 걸었습니다.

"너 그 교복 어디서 샀냐? 내 옷하고 색깔이 같다."

그 학생이 뒤를 돌아다보았습니다. 어이쿠! 그 학생은 3학년 배지를 단 선배였습니다. 성래는 그제야 자기 교복 색깔이 친구들 것과 왜 다른지 그 까닭을 알 수 있었습니다. 형이 중학생 때 입었던 교복이라 그렇게 색이 바랬던 것입니다.

하지만 성래는 전혀 부끄럽지 않았습니다. 교복 색깔의 비밀을 안 이상 더 궁금해할 것도 없었습니다. 오히려 친구들에게 "이거 우리 형이 입던 거다." 하고 자랑했습니다.

'형이 아침에 조금만 일찍 나와 주면 난 정말 형한테 아무것도 바랄 게 없는데…….'

형이 입던 옷을 물려 입어야 하는 건 어려서부터 습관이 되었기 때문에 아무래도 좋았습니다. 다만 형이 아침에 늑장을 부리지 말거나, 아니면 자기만이라도 학교에 먼저 가라고 하면 좋겠다는 마음뿐이었습니다.

이처럼 색이 바랜 교복을 물려입어야 할 정도로 영래네 집안 사정은 좋지 못했지만, 다행스럽게도 모두 건강하고 공부도 열심히 했습니다. 대학생이 된 누나들은 누나들대로, 영래는 영래대로, 모두들 부업도 하고 가정 교사도 하면서 부모님을 거들려고 애썼습니다.

영래는 담임 선생님의 소개로 동급생이나 중학생 가르치는 일을 꾸준히 할 수 있었습니다. 그렇지만 학교 등록금은 언제나 기한을 넘기고서야 가까스로 냈습니다.

그러나 영래는 어려운 상황에서도 언제나 우스갯소리를 잘했고 무슨 일에든 적극적이며 당당했습니다. 결코 남에게 비굴하게 굴거나 뒤로 물러서는 짓은 하지 않았습니다. 두 번 타야 할 버스를 한 번만 타고 걸어다니는 형편이었지만 남을 도와주는 여유를 잃지 않았습니다.

까만 구두통을 멘 구두닦이 소년이 "구두 닦세! 구두 닦세!" 하고 외치며 지나가기라도 하면 영래는 그냥 지나치지 못하고 그 구두닦이 소년을 불러 세웠습니다.

"얘, 너 배고프지? 이 돈 가지고 뭐라도 사 먹어."

집에 돌아갈 차비까지 다 털어서 구두닦이 소년에게 주어야 영래는 마음이 편했습니다. 그러고는 학교에서 집까지 기분 좋게 걸어오는 것이었습니다.

그뿐이 아니었습니다. 자기도 번번이 수업료를 내지 못하면

서 같은 반 친구 중에 수업료를 못 내는 친구가 있으면 자기 수업료를 주기도 했습니다. 그래서 한번은 학교에서 수업료를 못 낸 아이들의 부모를 오라고 했을 때, 어머니가 학교로 불려 간 적이 있었습니다.

'이상하다. 수업료를 줬는데 왜 안 냈을까?'

어머니는 영래를 철석같이 믿었지만, 이번만큼은 이해가 되지 않았습니다.

그날 저녁 어머니는 영래를 불러 앉혔습니다.

"너, 저번에 어렵게 빌려다가 수업료를 줬더니 어디에다 쓰느라고 안 냈니?"

"……."

"얼른 말해라! 이 어미는 거짓말하는 자식은 못 본다. 아무리 가난해도 거짓말을 해선 안 돼. 어디다 쓴 거냐?"

"사실은……, 친구 수업료를 대신 내 줬어요."

"아니, 뭐라구? 친구 수업료를 대신 내 줬다고? 그 돈을 어떻게 마련했는지 너도 알잖니……."

어머니는 기가 막혀서 더 이상 말을 잇지 못했습니다.

"어머니, 전 그래도 아버지도 계시고 어머니도 계시잖아요. 그런데 그 친구는 아버지도 안 계시고, 편찮으신 어머니가 조그마한 구멍가게를 하시는데 도저히 수업료를 낼 형편이 못 돼요. 더구나 그 친구는 어머니를 돕느라 성적이 밑으로 처져서 어쩌면 정학을 당할지도 몰라요. 그래서 제가 대신……."

"아무리 그래도 어떻게 그럴 수가……."

어머니는 물론 옆에서 듣고 있던 누나들도 기가 막혔지만, 그렇다고 영래가 결코 잘못했거나 비난받을 행동을 한 것은 아니었기 때문에 아무도 나무랄 수는 없었습니다. 누나들은 동생이 기특하기도 하고 한편으론 어이가 없기도 해서 번갈아 가며 머리통을 쥐어박았습니다.

"어이구, 이 바보야!"

영래 남매들은 한바탕 깔깔대면서 웃었습니다. 하지만 어머니는 슬그머니 밖으로 나와 친척집을 돌아다니며 다시 수업료를 빌려야 했습니다. 어머니는 남몰래 눈물을 흘렸습니다. 그러나 자식들에겐 눈물을 보이지 않으려고 애썼습니다.

꿈이 자라던 시절

수유리에 살던 영래네는 갈현동으로 다시 이사를 했습니다.
이것저것 해 보려고 무진 노력했지만, 하는 일마다 실패만 하던 아버지는 마침내 부동산 중개업을 하게 되었습니다.
갈현동 집에선 개를 한 마리 길렀습니다. 식구들 가운데 특히 성래가 개를 좋아해서 기르기 시작한 것입니다.
그러나 어머니의 생각은 좀 달랐습니다. 사람도 먹고살기 힘든 형편에 개밥까지 신경 써야 한다는 건 꽤나 부담스러운 일이었습니다. 한창 더운 여름엔 온 집 안에 개 냄새가 풍겨 역겹기까지 해서 어머니는 개를 팔아야겠다고 마음먹었습니다.
"개 파세요. 개 삽니다."
때마침 개장수가 지나가자 어머니는 그 개를 팔았습니다.

사실 한 푼이라도 아쉬운 살림에서는 개값도 무시할 수 없었습니다.

학교에서 돌아온 성래는 개가 없어진 걸 알고 펄펄 뛰었습니다.

"우리 개 어디 있어요? 개가 어디로 갔냔 말이에요! 우리 개! 우리 개! 엉엉—."

어머니가 우리 집보다 더 잘 먹이고 잘 키울 집으로 보냈다고 둘러대도 성래는 막무가내였습니다.

"개장수한테 파신 거죠, 그렇죠?"

"아냐, 저 고개 너머 아는 집에서 데려간 거야. 우리 집보다 훨씬 더 잘 키울 거야."

"거짓말! 틀림없이 개장수한테 파신 거예요. 그 개는 보신탕집으로 가고 말 거예요, 흐흐흑……."

성래는 통곡을 하다시피 울다가 집을 뛰쳐나가고 말았습니다.

"성래야! 성래야, 어디 가니? 엄마가 잘못했다. 내 말 좀 들어 보렴. 어서!"

성래는 저녁때가 되어도 집에 들어오지 않았습니다. 날이 어둑어둑해지자 걱정이 된 식구들은 모두 성래를 찾으러 나갔습니다. 갈 만한 곳은 다 찾아보았지만 성래는 보이지 않았습니다.

어머니는 후회와 걱정이 뒤엉켜 머리를 싸매고 드러누웠습니다.

"어미가 죄가 많아서……."

어머니는 개장수한테 개를 판 것이 몹시 후회스러웠습니다.

밤이 꽤 깊어서야 식구들은 대문 밖 골목에서 서성거리고 있는 성래를 찾아 냈습니다. 성래는 개장수를 찾으러 시내를 정신없이 돌아다니다 오긴 했지만, 여전히 화도 나고 한편으론 멋쩍기도 해서 집 밖을 서성대고 있었던 것입니다.

영래는 성래를 데리고 방으로 들어가더니 문을 잠갔습니다.

'딸깍' 문을 잠그는 소리에 어머니의 가슴이 철렁 내려앉았습니다.

"안 돼, 영래야! 동생을 때리면 안 된다. 문 좀 열어라, 어서! 엄마가 잘못한 거야. 성래는 잘못이 없어."

그러나 방 안에서는 아무 소리도 나지 않았습니다. 문도 열리지 않아 어머니는 애가 닳았습니다.

한참이 지난 뒤, 드디어 문이 열리면서 두 형제가 밖으로 나왔습니다. 서로 다툰 흔적은 전혀 없었습니다. 어머니는 그제야 가슴을 쓸어 내렸습니다.

영래는 성래에게 어머니 처지가 되어서 한번 생각해 보라는 얘기를 들려주었던 것입니다.

"성래야, 네 마음은 형도 잘 알아. 그리고 개가 불쌍하기도 하고 말이다. 하지만 어머니가 오죽하면 개까지 파셨겠니? 우리가 이해해야지, 안 그래? 네가 개 때문에 자꾸 소란을 피우면 어머니는 병이 나실지도 몰라. 어머니도 미안하다고 그러시잖니. 이미 지나간 일로 더 이상 어머니 마음을 불편하게 해 드리지 말자, 알겠지?"

"하지만 형, 개가 너무 불쌍해, 흐흐흑……."

또다시 서럽게 우는 성래의 등을 다독거리면서 영래는 성래의 손을 꼭 잡아 주었습니다. 성래도 어머니의 마음을 모르는 것은 아니었습니다. 그렇지만 보신탕집으로 팔려 갔을 개의 운명을 생각하니 도저히 견딜 수가 없었던 것입니다.

영래의 말 한마디에 개로 인한 소동은 가라앉았습니다. 하지만 이 일은 어머니의 마음속에 오래도록 가슴 아픈 일로 남게 되었습니다. 물론 성래는 두 번 다시 그 개 이야기를 꺼내지 않았지만 말입니다.

집안이 조용해지자 영래는 학교 생활에 좀더 충실하려고 애를 썼습니다.

중학교 때 개운사와 대원암에서 스님한테 배운 한문이 꽤 높은 수준에 이르러, 이제 영래는 가끔씩 스스로 한시를 지어 보기도 할 정도였습니다.

어느 눈 오는 겨울날이었습니다. 영래는 쉬는 시간에 연습장에다 한문으로 시를 썼습니다. 그걸 본 친구들이 한문 선생님에게 영래가 지은 한시를 보여 주었습니다.

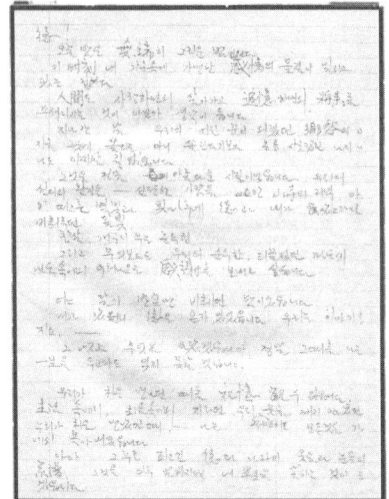

유난히 사람들과 어울리기를 좋아했던 조영래가 고등학교 때 친구에게 보낸 편지입니다.

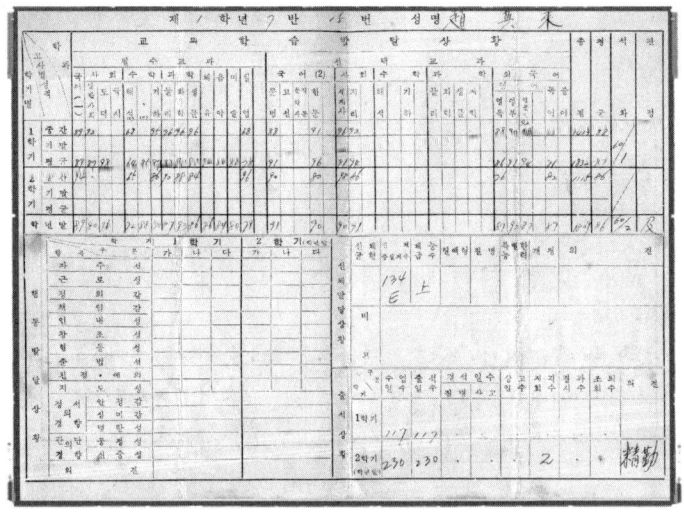

조영래의 학창 시절 성적표입니다. 맨 오른쪽 아래 선생님의 의견을 적는 칸에 일이나 공부에 부지런히 힘쓴다는 뜻의 '정근(精勤)'이라는 말이 적혀 있습니다.

영래가 지은 한시를 본 선생님은 깜짝 놀라서 물었습니다.

"이거 정말 네가 지은 거니?"

"네, 그렇습니다."

"어디서 이렇게 한문을 배웠니?"

"집에서 제사 지낼 때마다 아버지가 족보 같은 걸 펴 놓고 틈틈이 가르쳐 주시기도 했고, 스님들한테서 배우기도 했습니다."

"호, 그래? 그럼 네가 알고 있는 문장을 한번 읊을 수 있겠니?"

한문 선생님의 말이 떨어지자, 영래는 연습장을 꺼내 「반야심경」을 비롯해서 「적벽부」와 「출사표」 등을 줄줄 적어 나가며 해석을 붙였습니다. 그러자 한문 선생님의 입이 딱 벌어졌습니다.

"그래, 됐다. 그 정도면 대단한 실력이야. 앞으로 한문 시간엔 수업에 신경 쓰지 말고 네가 보고 싶은 책을 보렴. 한문책이 아니어도 좋아."

사실 영래는 다른 건 몰라도 한문과 영어에는 자신이 있었습니다. 그렇다고 해서 한문 시간에 딴전을 피우거나 영어 시간을 소홀히 하지는 않았습니다. 이미 알고 있다고 소홀히 하면 금세 뒤처지는 게 학문이라고 생각했기 때문입니다.

공부뿐만 아니라 특별 활동에도 열심이었던 영래는 불교 학생회인 '룸비니'에 들어가 활동하게 됩니다. 룸비니는 부처님이 태어난 곳으로 알려진 작은 동산인데, 인도와 붙어 있는 네팔의 남쪽에 있습니다. 불교의 중요한 성지라서 불교 단체의 이름으로 곧잘 쓰인답니다.

영래는 불교의 사상 가운데 고통받는 이를 가엾이 여겨 그들의 고통을 덜어 주고 편안하게 해 주고자 하는 '자비 사상'과 갇혀 있거나 죽게 된 생물을 풀어 주고 살펴 주는 '방생 사상'이 특히 마음에 들었습니다.

'이 세상 모든 사람이 어떤 것에도 얽매이거나 붙잡히지 않고 고통 없이 자유롭게 살 수 있다면……'

그래서 영래의 가슴속엔 언제나 갇히고 억눌리고 묶인 사람들을 '풀어 내는' 일을 해야겠다는 생각이 자리잡아 가고 있었습니다.

그런 점에서 영래는 경기 고등학교의 교훈인 '자유인, 문화인, 평화인'이라는 글귀를 좋아했습니다. 자유와 평화를 누리는 세상, 그리고 그 위에 문화적인 행위와 가치를 추구하며 살 수 있는 세상은 분명 지상 낙원임에 틀림없다는 생각을 했습니다. '다툼도 없고 간섭도 없고 얽매임도 없는 아름다운 세상', 바로 그것을 영래는 일찍부터 꿈꾸었던 것입니다.

영래는 '룸비니'말고도 '웅변반'과 '농촌 연구반'에서 활동을 했습니다. 책상머리에만 붙어 있는 나약한 지식인이 아니라 실천하는 지식인이 되려면, 조리 있고 설득력 있게 말할 수 있는 능력을 갖추어야겠다고 생각했기 때문입니다.

그래서 영래는 웅변반에 들어가 열심히 활동했습니다. 웅변반에서는 평소에 말이 없는 신동수라는 친구와 가장 친하게 지냈습니다.

또한 항상 사회 문제에 관심이 많았던 영래는 농촌 연구반을 만들어 활동하기도 했습니다.

'농촌에서 먹고살기가 힘들지만 않았더라면 우리 집도 농촌을 떠나지 않았을 텐데……'

근대화니 뭐니 하는 개발 정책이 시작되었지만, 농촌은 오히려 점점 황폐해져 가고 있었습니다. 그리고 농촌 인구가 도시로 도시로 몰려들어 참으로 많은 문제점이 생겨나고 있었습니다.

그런 시기에 고등학생 시절을 보낸 영래가 농촌 연구반 활동을 한 것은 아주 당연한 일이었습니다. 멀리 갈 것도 없이 자기 집만 해도 농촌에서 지방 도시로, 지방 도시에서 서울로 옮겨 오는 동안 숱한 어려움을 겪었기 때문에, 영래 처지에서는 다른 무엇보다도 농촌 문제를 연구하는 것이 무척 다급하다고 여겨졌습니다.

영래는 공부만 잘하는 닫힌 사람보다는 폭넓은 상식과 삶의 지혜를 두루 갖춘 사람이 될 것을 꿈꾸었습니다. 또한 책상머리에서만 거창한 계획을 세우는 그런 사람이 되기보다는, 직접 몸으로 행동하고 아무리 하찮은 것이라도 소홀히 하지 않는 사람이 되고자 했습니다.

'꿈이 없다면 삶은 너무나 삭막하고 재미가 없을 거야. 언젠가는 내 꿈이 이루어질 날이 있을 거야.'

그러기 위해 영래는 쉬지 않고 자신을 갈고 닦았습니다. 또한 마음이 조금도 그릇됨 없이 올바른 사람이 되고자 하는 뜻에서 '사무사(思無邪)' 같은 말을 한자로 써서 책갈피에 꽂아 놓기도 했습니다. 항상 잊지 않고 되새기며 게으름 피우지 않기 위해서였습니다.

'공부 선수'가 아닌 수석 합격생

1964년은 고등학교 졸업반이 된 영래에게 차분히 대학 입시를 준비하는 해가 아니라 여러 모로 복잡하고 힘든 해였습니다.

그 해가 시작되자마자 온 나라가 굴욕적인 한일회담 반대 운동으로 들끓기 시작했습니다. 3월에는 여러 사회 단체와 대학생 그리고 애국 인사들을 중심으로 한일회담 반대 운동이 퍼져 나가기 시작했습니다.

5·16 군사 쿠데타로 정권을 잡은 박정희는 정권을 안정시키기 위해 안간힘을 쓰고 있었습니다. 정권 안정을 위한 경제적인 토대를 마련하고 일본이 한반도 투자에 관심을 갖게 하기 위해 굴욕적인 조건으로 서둘러 일본과 협정을 맺으려고 했습니다.

비록 고등학생 신분이었지만, 이런 사태를 그냥 보고 있을 수만은 없다고 생각한 영래와 몇몇 친구들은 한일회담 반대 시위를 벌이기로 했습니다. 영래와 친구들은 학생들을 이끌고 당시의 국회 의사당 앞을 지나 서울 시청 앞을 돌아서 학교로 돌아오는 시위를 벌였습니다.

"우리는 굴욕적인 한일회담을 반대한다!"

그때 영래는 학생회에서 학예부장을 맡고 있었습니다. 중학교 때부터 산에서 익혀 온 웅변 실력이 뛰어났던 영래는 학생들 앞에서 왜 한일회담에 반대하는가를 조리 있게 말했습니다.

"지금 우리 나라는 역사의 갈림길에 서 있습니다. 우리 민족을 총칼로 지배하던 일본이 이번엔 경제적인 힘을 앞세워 다시 우리 나라를 넘볼 기회를 찾고 있습니다. 그 기회를 만들어 준 사람들은 바로 군사 쿠데타로 정권을 잡은 사람들입니다. 그 사람들은 간도 쓸개도 없이 오직 자신들의 권력 안정을 위해 돈 몇 푼에 일본을 용시하고 다시 그들과 손을 잡으려고 합니다. 여러분, 우리 모두 일어서서 정부의 비굴한 행동을 막아 냅시다!"

공부라면 어느 누구에게도 뒤지지 않는 '공부 선수'들이 모인 경기 고등학교입니다. 그래서 경기 고등학교 학생들은 공부가 아닌 다른 일로는 웬만해선 쉽게 움직이지 않았습니다. 그런데 영래는 그런 경기 고등학교 학생들을 움직일 수 있을 만큼 조직력과 말솜씨를 갖추고 있었습니다.

1965년 한일협정 비준을 반대하며 시위를 벌이는 경기 고등학교 학생들입니다.

한일회담 반대 시위말고도 영래는 학생들 앞에 나서는 일이 종종 있었습니다.

한번은 이런 일이 있었습니다. 학생들끼리 싸움을 벌였는데, 한 학생이 우산을 잘못 놀리는 바람에 맞서 싸우던 학생 하나가 그만 목숨을 잃게 된 것입니다. 그래서 다툰 학생들의 담임 선생님은 물론이고 교장 선생님까지 자리에서 물러나야 할 처지가 되었습니다.

그때 전교생이 강당에 모여 반성회를 가진 자리에서 영래가 앞으로 나가 말을 시작했습니다.

"여러분, 오늘 우리가 이 자리에 모인 것은 저번에 일어난 사고에 대해 반성하는 시간을 갖기 위해서입니다. 친구들끼리 어쩌다 다툴 수도 있고 몸싸움을 할 수도 있습니다. 하지만 이번처럼 옆에 있는 물건을 들어 흉기로 사용한 것은 있을 수 없는 일입니다. 어찌 됐건 죽은 친구의 명복을 빌고, 또 우리 학생들 전체의 이름으로 반성해야 합니다. 왜냐하면 누구라도 그런 상황에서 그렇게 하지 않으리라고 장담할 수는 없기 때문입니다. 또 싸우는 친구들을 바로 그 자리에서 뜯어말리지 못한 책임도 우리 모두에게 있습니다. 담임을 맡으셨던 선생님은 책임을 지고 이미 자리에서 물러나셨습니다. 그런데 이번에는 교육 구청에서 교장 선생님까지 물러나라는 지시가 내려온 모양입니다. 우리의 잘못 때문에 교장 선생님까지 물러나시게 할 수는 없습니다. 그러니까 여러분은 우리의 그러한 뜻을 교육 구청에 전하기 위해서 학년과 반별로 마련한 진정서에 이름을 쓰고 도장을 찍어 주시면 좋겠습니다."

그리하여 전교생의 뜻을 모은 진정서가 작성되고, 그 뜻이 교육 구청에 전달되어 교장 선생님은 자리에서 물러나지 않게 되었습니다.

학기 초를 그렇게 어수선하게 보내고 나자, 이번에는 영래에게 1주일 동안의 유기 정학 처분(학교의 규칙을 어긴 학생에게 일정한 기간 동안 학교에 못 나오게 하는 처벌)이 내려지는 일이 생겼습니다. 영래는 어머니가 걱정할까 봐 입을 꼭 다물고 평상시와 똑같이 지내기로 했습니다.

영래는 여느 때와 마찬가지로 학교에 갔습니다. 그러나 교실로는 못 들어가게 되어 있어서 도서관에 가서 혼자 공부했습니다.

그런데 학교에서 어머니를 불렀습니다. 부리나케 학교로 달려가 교장 선생님을 만난 어머니는 그제야 영래가 1주일 동안 유기 정학을 당했다는 사실을 알았습니다.

"어서 오십시오, 영래 어머님."

"안녕하세요, 교장 선생님. 그런데 영래가 무슨 일 때문에 정학을 당한 거지요?"

"글쎄, 그게……."

교장 선생님은 말을 하지 못하고 더듬거렸습니다.

"어서 말씀해 주세요. 제 자식이 무슨 잘못을 저질렀는지 어미인 제가 알아야 앞으로 조심을 시킬 수 있지 않겠습니까?"

"말씀드리기 뭣합니다만…… 영래가 수업료를 안 낸 학생들의 명단을 찢어 버렸습니다."

"죄송합니다, 교장 선생님. 두 녀석의 수업료를 아직 못 냈습니다. 며칠 안으로 마련해서 낼 테니 조금만 기다려 주세요."

어머니는 이 말을 마치고 고개를 푹 숙였습니다.

그러자 옆에 있던 영래가 나섰습니다.

"교장 선생님, 저와 제 동생 성래는 수업료를 안 낸 게 아니라 못 냈습니다."

"그래, 너희 형제는 돈이 없어서 수업료를 못 냈다는 걸 알고 있다. 하지만 그 명단에 있는 다른 아이들은 모두들 집에서 돈을 타다가 다른 데 쓰느라고 수업료를 안 낸 거야. 그렇다고 그 애들 이름만 써 붙이고 너희들 이름을 뺄 수는 없잖니? 그러니 네가 그걸 이해해야지, 다짜고짜 명단을 찢어 버리면 어떡하니?"

사실 맞는 말이었습니다. 영래와 성래는 수업료를 안 낸 것이 아니라, 돈이 없어서 정해진 날짜까지 내지 못한 것입니다.

그런데 그 명단에 올라 있는 아이들 중에는 큰 회사 사장의 아들도 있고 국회 의원의 아들도 있고 고급 공무원의 아들도 있없습니다. 그 아이들은 수업료를 타서 다른 데다 쓰느라 수업료를 내지 못한 것입니다.
　그러나 교장 선생님 처지에서는 그 애들 이름만 써 붙일 수는 없었습니다. 그래서 수업료를 내지 않은 학생들의 이름을 모두 써 붙였는데, 영래가 그 명단을 찢어 버린 것입니다.
　"죄송합니다, 교장 선생님. 그렇지만 아직 중학생인 제 동생이 수업료를 못 냈다고 자기 이름이 붙어 있는 걸 보면 얼마나 마음이 아프겠어요. 그래서 동생이 볼까 봐 찢어 버린 겁니다."
　"그래, 네 마음은 잘 안다. 하지만 교칙은 교칙이니까 정학 처분은 어쩔 수가 없다. 내 마음 같아선 어떻게든 처벌을 내리고 싶지 않다만, 한번 정해진 학교 규칙은 그대로 따라야 한다. 영래야, 지난번엔 네가 어려운 일에 나서서 날 살려 주었지만 이번 일은 네가 날 어려움에 빠뜨린 꼴이 되어 버렸어. 교칙대로 하자는 여러 선생님의 의견을 무시하고 계속 내 고집만 피울 수는 없었단다. 미안하구나."
　교장 선생님에게서 그 동안의 사정 얘기를 다 듣고 어머니는 교장실을 나왔습니다. 영래는 고개를 푹 숙인 채 어머니 뒤를 따라나왔습니다.
　"어머니, 죄송해요. 어서 집에 가세요."
　"영래야, 못난 부모를 만나 네가 고생이구나. 미안하다."
　어머니는 애써 눈물을 감추며 운동장을 가로질러 교문 쪽으로 힘없이 걸어갔습니다. 어머니의 어깨가 오늘따라 유난히 갸날프고 축 처져 보였습니다.

영래는 어머니가 교문을 나서서 더 이상 보이지 않을 때까지 오래도록 교문을 바라보며 서 있었습니다. 뜨거운 눈물이 뺨을 타고 흘러내렸습니다.

"땡그랑, 땡그랑."

쉬는 시간을 알리는 종 소리가 아득하게 들려왔습니다. 영래는 눈물을 훔치며 무엇인가 결심한 듯 휙 돌아서서 도서관 쪽으로 발걸음을 옮겼습니다.

저녁에 집에 돌아가자, 성래가 멋쩍게 웃으며 영래에게 말을 건넸습니다.

"형, 사실은 나도 그 명단 봤어. 한두 번 붙는 것도 아니잖아. 이젠 이름 정도 나붙는 건 아무렇지도 않아. 나도 벌써 중 3인걸. 형은 나만할 때 스님 된다고 집도 나갔으면서 뭘."

"고맙다. 그나저나 어머니가 괜찮으신지 모르겠다."

형제는 손을 꼭 마주 잡았습니다. 어떤 어려움도 이겨 나갈 수 있을 것 같은 힘이 솟아났습니다.

다른 친구들은 대학 입시 준비에 바빴습니다. 학원으로 가기도 하고 개인 지도를 받으러 가기도 했습니다. 영래로선 꿈도 꾸지 못할 일이었습니다. 그 시간에 영래는 오히려 학비를 마련하기 위해 아이들을 가르치러 다니는 데 더 많은 시간을 보내야 했습니다. 다른 것에 신경 쓰지 않고 공부만 해도 벅찬 시기였지만 영래는 계속 이런저런 일에 신경 쓰느라 공부할 시간이 늘 모자랐습니다.

그러나 영래에게는 남다른 무기가 있었습니다. 그 무기는 무서우리만큼 강한 집중력이었습니다. 영래는 한번 공부에 **빠지**면 천둥이 쳐도 모를 만큼 **빠져드는** 무서운 집중력을 가지고 있었습니다. 영래가 공부하고 있을 때는 직접 몸을 건드리거나 꼬집어야 겨우 고개를 돌리지, 이름을 부르는 정도로는 전혀 듣지 못한 듯 꼼짝도 하지 않았습니다. 그 덕분에 영래는 짧은 시간을 최대한으로 활용해서 대학 입시를 준비할 수 있었습니다.

영래는 영어나 국어, 한문 같은 과목은 걱정하지 않아도 될 정도로 기본 실력이 있었기 때문에 주로 수학 과목에 노력을 쏟았습니다. 잘 안 풀리는 문제가 있어도 절대로 풀이 과정을 보지 않았습니다. 다섯 시간이고 열 시간이고 그 문제에만 매달렸습니다. 그 문제가 완전히 이해되고 풀려야만 다른 문제로 넘어갔습니다.

장학금을 받아야 대학을 다닐 수 있는 처지였으므로 영래는 막바지에 **뼈**를 깎는 노력을 기울였습니다.

일단 지원 학과는 서울 대학교의 법학과로 정했습니다. 영래 스스로도 자연계 과목보다는 인문계 과목에 더 소질이 있다고 생각했고, 선생님과 가족 등 주변 사람들의 권유도 있어서 법학

과로 결정한 것입니다.

영래는 줄곧 갇히고 억눌려 있는 사람들 편에 서서 그들을 얽어매고 있는 사슬을 풀어 낼 수 있는 일을 하며 살아가야겠다고 굳게 다짐해 온 터였습니다. 법학을 공부하면 사회 속에서 그런 일을 할 수 있는 기회를 쉽게 만날 수 있을 것 같았습니다.

마침내 대학 입학 시험날이 되었습니다. 장학금을 조금이라도 받아야 대학을 다닐 수 있다는 부담감이 영래의 어깨를 짓눌렀습니다. 그래서인지 사회 과목에서 몇 군데 실수를 하고 말았습니다.

'어이쿠, 이래 가지곤 장학금을 받기는커녕 합격조차 못 하는 게 아닌지 모르겠네.'

그래서 시험이 끝나자마자 영래는 가정 교사로 일하는 집으로 가 버렸습니다. 영래는 서대문 쪽에 있는 그 집에 틀어박혀 발표가 날 때까지 꼼짝도 하지 않았습니다.

그런데 이게 웬일입니까? 장학금은 그만두고 합격만 해도 다행이라고 생각하고 있었는데, 합격자 발표 전날 신문에 조영래라는 이름 석 자가 실린 것입니다.

"영래 학생, 학생이 수석 합격을 했대! 서울대 전체 수석 합격을."

"네? 그게 무슨 말씀이세요? 제가 수석 합격을 했다고요? 정말요?"

"그럼, 여기 봐. 신문에 학생 이름이 실렸잖아."

가르치는 학생의 어머니가 건네준 신문에는 분명 '서울 대학교 전체 수석 합격자 조영래'라는 기사가 실려 있었습니다.

이 기쁜 소식을 식구들에게 알려야 하는데, 영래 집에는 전화가 없었습니다. 영래는 서대문에서 갈현동까지 곧장 달음박질했습니다.

"어머니, 어머니!"

"아이고, 우리 영래가 왔구나. 영래야, 영래야!"

한참을 달려 집에 도착해 보니 벌써 신문 기자들이 취재하러 와 있었습니다. 그래서 가족들이 영래보다 먼저 소식을 알고 있었습니다. 식구들은 모두 영래를 부둥켜안고 기쁨의 눈물을 흘렸습니다.

어머니는 하도 좋아서 거의 사흘 동안을 아무것도 먹지 못하고 잠도 이루지 못했습니다.

가슴이 따뜻한 사람

조영래가 대학생이 된 1965년은 마침내 그렇게도 반대하던 '한일협정'이 체결된 해이기도 했습니다. 그 동안 대학가에서는 한일회담 자체를 반대하는 시위가 끊이지 않았으나, 군사 정권은 국민의 거센 저항에도 아랑곳없이 자신들의 이익만을 위해 일본과 굴욕적인 한일협정을 맺고 말았습니다.

대학에 들어가자마자 조영래는 한일협정 반대 시위에 참여해 학교에서 쫓겨날 처지가 되기도 했습니다.

"조영래 군, 자네는 시위에 참가한 탓에 학교에서 쫓겨나게 되었네."

"……."

"하지만 자네는 입학 때 수석으로 합격했으니 이번만은 봐주도록 하겠네. 그렇지만 앞으로도 계속 시위에 참가하면 그때는 정말 어쩔 수가 없으니 조심하게."

지도 교수의 이야기였습니다.

조영래는 마음이 몹시 착잡했습니다. 1년 전 고등학교 졸업반 때에도 한일회담 반대 시위를 벌인 적이 있었기에 더욱더 안타깝기만 했습니다. 하지만 사회는 군사 정권의 담당자들이 바라던 대로 바뀌어 가고 있었습니다.

무섭게 휘몰아치는 정치적 소용돌이 속에서도 조영래는 차츰 대학 생활에 적응하게 되었고, 집안 형편도 예전보다 훨씬 안정되었습니다. 그러나 조영래의 가슴 한쪽은 뭔가 구멍이 뚫려 있는 듯했습니다.

'왜 이렇게 마음이 허전할까?'

게다가 법학에도 별 흥미가 없었습니다. 그래서 틈나는 대로 경제학과의 수업을 듣기도 하고, 남는 시간에는 지기 스스로 짠 독서 계획표에 따라 학교 도서관과 독일 문화원 등을 드나들며 지식의 폭을 넓혀 갔습니다.

'앞으로는 외국에 대해서 잘 알아야 우리 나라가 살아남을 수 있어. 그러려면 외국어를 잘 해야 해.'

그런 생각에서 영래는 영어와 한문 실력을 계속 탄탄하게 다져 나가는 한편 짬짬이 독일어와 일본어까지 익혀 두었습니다.

그러나 학교 안팎의 형편은 조영래로 하여금 책만 보고 있도록 내버려 두지 않았습니다.

영래가 대학 2학년이 되던 1966년, 삼성 재벌이 사카린 원료를 건설 자재인 시멘트로 속여 일본에서 몰래 들여왔습니다. 이어서 사카린 원료를 판 돈을 사업 자금으로 쓰다가 들통이 났습니다. 이른바 '사카린 밀수 사건'이 터진 것입니다. 대학가는 그것을 규탄하는 시위로 들끓었습니다. 조영래는 또다시 그 집회의 중심축에 서게 되었습니다.

그 집회를 계기로 조영래는 장기표와 친해졌습니다. 그 뒤로 둘은 평생 우정을 나누는 친구이자 새로운 세상을 가꿔 나가기 위해 힘과 지혜를 함께 모으는 동지가 되었습니다.

"나는 조영래라고 하네. 자넨?"

"난 장기표야. 앞으로 잘 해 보세."

그때 장기표는 방 한 칸 없이 사설 독서실에서 적당히 잠자리를 해결하고 있었습니다. 둘은 거의 날마다 그곳에서 만나 자질구레한 일부터 나라의 장래에 이르는 문제까지 툭 터놓고 얘기를 나눴습니다. 법대 안의 '사회법학회'와 불교 학생회인 '법불회' 활동도 같이 했습니다.

그러던 어느 날, 교내 체육 대회가 열려 장기표가 장거리 달리기 대회에 나갔습니다.

"흠, 달리기는 내가 제일 자신 있는 운동이지. 두고 보라구!"

그런데 큰소리를 뻥뻥 치던 장기표는 맨 꼴찌를 했습니다. 그것도 남들은 벌써 다 들어오고 나서 한참 뒤에야 마지막으로 들어왔습니다. 하지만 장기표는 꼴찌로 들어와서도 태연히 운동장을 한 바퀴 도는 모습을 보여 줘 오히려 더 많은 환호와 박수를 받았습니다.

조영래가 장기표에게 물었습니다.

"별로 잘 달리지도 못하면서 시합엔 뭐 하러 나갔나?"

"흐흠, 그냥……. 가을 하늘이 워낙 파랗고 좋아서 실컷 달려 보고 싶었어."

조영래에겐 이 말이 참으로 멋지고 인간적이며 아름다운 말로 가슴속 깊이 새겨졌습니다.

조영래는 무슨 거창한 목표나 말보다는 작은 것, 그러면서도 우리네 세상살이에 꼭 필요한 것이면 무엇이든 사랑할 줄 아는 가슴이 따뜻한 사람이었습니다. 그래서 따뜻한 피가 흐르는 사람의 가슴에서 흘러 나오는 서슴없는 말 한마디를 더 좋아했습니다. 그리고 그런 말을 할 수 있는 사람 자체를 좋아했습니다.

한편 삼성 재벌의 사카린 밀수 사건 규탄 집회에 앞장섰다는 이유로 조영래를 비롯하여 문리대에서 활동하던 고등학교 친구 손학규 등 여러 사람이 정학 처분을 받았습니다.

거세게 흐르는 흙탕물 같은 것이 세상을 덮고 있는 어려운 시대였습니다. 그러나 예나 지금이나 따뜻한 피가 흐르는 가슴을 지닌 젊은이들은 항상 세상을 뒤덮고 있는 더러운 흙탕물의 물줄기를 바꾸려고 합니다. 아니, 아예 흙탕물이 일어나는 근원 자체를 깨끗이 치워 없애 버리려고 합니다. 그래서 젊은이들은 늘 잘못된 세상에 분노하고 저항하고 투쟁하는 것입니다.

'언젠간 우리가 꿈꾸는 세상이 올 거야. 아니, 꼭 와야만 해.'

정학 처분을 받았어도, 세상을 바르게 만들어 가려는 조영래의 열정은 식지 않았습니다. 그런 조영래가 걱정스러워 부모님은 가끔 이렇게 말하기도 했습니다.

"영래야, 법대에 들어갔으면 열심히 고시 공부 해서 훌륭한 판검사가 되어 나라 위하는 길을 찾아야지, 자꾸 그렇게 옆길로만 빠지면 어떡하니?"

"지금 우리 같은 젊은이가 나서지 않으면 세상은 온통 구정물로 뒤덮여 버릴지도 몰라요. 지금 제가 가고 있는 길도 나라를 위하는 길이니까 너무 걱정하지 마세요."

"너희들 몇 명이 그런다고 이 세상이 바뀌는 것도 아니잖니?"

"그렇지 않아요. 한 사람 한 사람의 힘이 모이면 마침내 작은 시냇물이 큰 강물을 이루듯 힘이 커지는 거예요."

어려서부터 자신의 일은 스스로 알아서 한 아들인지라 부모님도 다른 말은 더 하지 않았습니다. 그저 틈날 때마다 "몸조심하거라."라는 말만 할 뿐.

그러다 보니 조영래의 집은 어느새 학생 운동을 하는 친구들의 모임 장소가 되었습니다.

밥을 굶어 가면서까지 자신들의 주장을 펼치다가 며칠 만에 친구들 대여섯 명씩을 끌고 불쑥 들어와 죽을 끓여 달라고 해도 어머니는 전혀 귀찮아하지 않았습니다. "도대체 왜 이런 사람들하고 몰려다니니?" 하는 말 대신 "아이고 내 새끼들, 얼굴이 그게 뭐냐. 몸도 생각하면서 해야지."라고 말하며 얼른 부엌으로 나가 죽을 끓여 주었습니다.

죽을 먹고 난 친구들은 아무 데나 쓰러져 한잠씩 자고 일어나 앞으로 해야 할 일들을 끊임없이 의논했습니다.

당시 군사 정권은 자신들의 권력을 한창 단단히 다져 가고 있었습니다. 군사 정권은 장기 집권을 하기 위해 제7대 국회 의원 선거에서 온갖 부정을 저질렀으며(6·8 부정 선거), 나아가 박정희가 연속 세 번 대통령을 할 수 있도록 하기 위해 헌법을 고치려는 음모(삼선 개헌)를 꾸몄습니다.

이 시기에 대학생이었던 조영래는 대학에 다니는 내내 '6·8 부정 선거 규탄', '삼선 개헌 반대' 등의 시위와 집회에 적극적으로 참여했습니다. 특히 조영래는 그러한 모임에 필요한 각종 전단이나 선언문 등 그때 그때 필요한 글을 작성하는 일에 열심이었습니다. 감정적으로 막연하게 울분이나 터뜨리고 마는 집회보다는 좀더 논리적이고 설득력 있게 정리된 기록물을 통하여 학생들이 주장하고 요구하는 것을 정확하게 전달하자는 생

각에서였습니다.

　사회가 혼란한 틈을 타 겉으로는 나라를 위하는 척 그럴싸한 구실을 붙이면서 속으로는 자기들의 잇속만 챙기는 사람들이 여기저기서 판을 쳤습니다. 조영래는 그런 사람들을 보면 피가 거꾸로 솟아올라 도저히 책상에만 앉아 있을 수가 없었습니다.

　대학 3학년 무렵, 조영래는 민족 시인 신동엽이 막 발표한 시 「껍데기는 가라」를 보고 무릎을 탁 쳤습니다.

　　껍데기는 가라.
　　사월도 알맹이만 남고
　　껍데기는 가라.

　　껍데기는 가라.
　　동학년 곰나루의, 그 아우성만 살고
　　껍데기는 가라.

　　그리하여, 다시
　　껍데기는 가라.
　　이곳에선, 두 가슴과 그곳까지 내논
　　아사달 아사녀가

중립의 초례청 앞에 서서
부끄럼 빛내며
맞절할지니

껍데기는 가라.
한라에서 백두까지
향그러운 흙가슴만 남고
그, 모오든 쇠붙이는 가라.

시인이 노래한 것처럼 껍데기는 모두 물러가고 알맹이만 남아야 했습니다. 하지만 세상에선 알맹이보다 껍데기가 더 설치고 있었습니다. 그래서 시인은 "모오든 쇠붙이는 가라."고 절규하듯 노래한 것입니다.

그 모든 쇠붙이와 껍데기가 물러가고 우리 겨레 모두가 향그러운 흙가슴으로 하나가 되는 세상을 꿈꾸며, 학생 운동과 학회 활동을 하는 바쁜 가운데서도 조영래는 언제나 책을 놓지 않았습니다. 특히 경제를 알아야 사회를 알 수 있다는 생각에서 미국의 경제학자 슘페터가 쓴 『자본주의, 사회주의, 민주주의』 같은 책을 비롯하여 경제 서적을 많이 읽었습니다.

'우리가 살고 있는 세상의 많은 문제는 경제 문제 때문에 발생한다. 그러니까 경제가 돌아가는 걸 어느 정도 이해해야 세상

의 근본적인 문제들에 제대로 접근할 수 있을 거야.'

이렇게 생각한 조영래는 여기에 그치지 않고 한 걸음 더 나아가 손학규 같은 친구들과 더불어 신문 읽기 모임을 만들었습니다. 신문을 꼼꼼하게 읽으면 사회의 흐름을 웬만큼은 알 수 있을 거라고 판단한 것입니다.

조영래는 대학 시절 이렇게 친구들과의 작은 모임부터 학회 활동, 학생 운동까지 하느라 눈코 뜰 새 없이 바빴습니다.

한편, 여러 가지 일을 하다가 실패를 거듭한 끝에 부동산 중개업으로 자리를 잡아 가던 아버지의 노력이 결실을 맺어, 드디어 서울에서 처음으로 집을 장만하게 되었습니다. 그때부터 조영래는 작은 모임 정도는 거의 자기 집에서 가졌습니다. 이젠 주인집 눈치 볼 필요도 없고, 동생들과 함께 쓰긴 하지만 공부방도 생겼기 때문입니다.

친구들은 조영래 같은 사람이 공부방을 갖게 된 것은 세상이 뒤집어질 만한 일이라고 놀리면서 이젠 '재벌이 된 거나 마찬가지'라고 우스갯소리를 했습니다. 친구들은 그런 뜻에서 조영래에게 '조 재벌'이라는 별명을 붙여 주기도 했습니다.

전체 수석으로 대학에 들어간 사람은 대개 평탄하게 고급 공무원이나 판검사가 되는 시험을 치르거나, 아니면 세상일에는 전혀 관심을 두지 않고 연구실에 틀어박혀서 자기 공부만 하는 게 상식으로 통했습니다.

하지만 조영래는 달랐습니다. 그러기엔 가슴이 너무 따스했고, 사람과 세상에 대한 관심이 유난히 많았습니다. 이 세상과 사람들을 사랑하는 마음이 너무나도 강해서 그럴 수가 없었습니다.

그래서 대학을 졸업할 때까지 조영래는 자신의 출세나 장래를 위한 준비는 전혀 하지 못했습니다. 그러는 사이에 어느덧 4년이라는 세월이 후딱 지나가 버렸습니다.

사법 시험과 전태일

대학을 졸업하고 조영래는 앞으로의 진로를 진지하게 생각해 보았습니다.

'이제 어떻게 살아가야 옳은 걸까?'

조영래는 대학 4년 동안 누구보다도 치열하게 자기 몫의 삶을 살았다고 할 수 있었지만, 그래도 뭔가 아쉬움이 남아 있었습니다. 그래서 일단 대학원에 진학하여 대학 때 못 한 일들을 해야겠다고 마음먹었습니다.

'일단 대학원에 진학하자. 지금까지 목표를 너무 높게만 잡았는지도 몰라. 물론 그 목표를 한꺼번에 이룰 수는 없어. 그렇다면 더 멀리, 더 오래 달리기 위해서 알맞은 방법을 찾아야 해.'

조영래는 사법 시험을 치르기로 결심했습니다. 대학 다닐 때는 거들떠보지도 않은 사법 시험이지만, 4년을 보내 놓고 곰곰이 생각해 보니 그게 아니라는 생각이 들었습니다.

'아무래도 내가 하고 싶은 일을 하려면 사법 시험에 합격해야겠어.'

조영래는 자신이 앞으로 해 나가고 싶은 일을 하기 위해서는 먼저 사법 시험을 통과하여 변호사 자격을 따야겠다고 마음을 고쳐먹었습니다. 변호사 자격을 따면 참으로 할 일이 많을 것 같았습니다.

조영래가 사법 시험을 치르기로 했다는 소문이 나자, 친구들은 반대하는 쪽과 이해하는 쪽으로 갈렸습니다. 친구들 처지에서 모두들 생각이 다른 건 아주 당연한 일이었습니다. 생각은 각자가 처한 상황이나 삶에 대한 태도에 따라 달라지게 마련이니까요.

조영래는 친구들의 근심어린 걱정과 격려를 귀담아들은 뒤, 이미 마음먹은 대로 사법 시험을 치르기로 다시 한 번 결심했습니다.

대학 4년 내내 시험 준비만 해도 붙는 사람이 그리 많지 않은 시험이 바로 사법 시험입니다. 그렇지만 대학을 졸업한 조영래로서는 남들처럼 시험 공부를 오랫동안 할 수도 없었습니다.

그래서 시험날이 가까워지자 집에서 그리 멀지 않은 용구암이라는 절에 책보따리를 풀고, 도를 닦는 마음으로 하루 종일 책에 매달렸습니다. 예전에 대학 입시를 준비할 때의 무서운 집중력이 다시 살아나기 시작했습니다.

다행인 것은 대학 시절에 여러 분야의 수많은 책을 읽은 덕분에 사고의 폭이 아주 넓어졌다는 것입니다. 법학 서적은 그리 많이 읽진 않았지만, 다양한 독서 체험 덕분에 법학 공부도 그다지 어렵지 않게 여겨졌습니다. 처음 읽는 시험 준비서들도 비교적 쉽게 읽어 낼 수 있었습니다. 사법 시험 준비는 뜻한 대로 착착 진행되었습니다.

조영래는 절에 들어앉아 책에 파묻혀 있으면서도 장기표와는 늘 연락을 주고받았습니다.

그러던 어느 날, 마침 장기표와 만나기로 약속한 날이었습니다.

장기표가 헐레벌떡 약속 장소로 뛰어들어왔습니다.

"조 형, 큰일났소. 어서 밖으로 나가야겠소."

"아니 장 형, 무슨 일이오? 우선 앉기나 해요."

"앉을 시간이 없어요. 같이 가면서 얘기합시다."

조영래는 장기표의 성화에 못 이겨 곧장 따라나섰습니다. 그러나 금방 절에서 나온 조영래는 아무것도 모르기 때문에 무슨 일인지 무척 궁금했습니다.

"무슨 일인가, 장 형?"

"글쎄, 노동자 한 사람이 자기 몸에 기름을 뿌리고 불에 타서 숨졌지 뭐요."

"아니, 뭐라고? 왜 그랬소? 그 사람이 누구요?"

1970년 11월 13일, 그날은 서울 청계천변 평화시장 앞길에서 전태일이라는 젊은 노동자가 온몸에 기름을 뿌려 불을 붙이고 숨져 간 날입니다.

전태일!

그는 청계천의 옷 만드는 공장에서 재단사로 일하던 노동자였습니다. 전태일은 자기가 다니는 공장이 있는 청계천 주변의 평화시장, 동화시장, 통일상가 등에 흩어져 있는 옷 공장들의 작업 환경을 개선해 달라고 정부 기관과 공장 주인들에게 여러 번 요구했습니다.

하지만 그때마다 번번이 거절당하거나 아무런 반응도 얻지 못했습니다. 그들은 노동자의 대우나 작업 환경에 대해 관심조차 기울이지 않았습니다.

그래서 전태일은 자기 한 몸을 희생해서라도 노동자의 딱한 처지를 세상에 알리고자 했습니다.

"근로기준법을 준수하라!"

"노동자는 기계가 아니다!"

"내 죽음을 헛되이 하지 말라!"

이런 외침과 함께 전태일은 온몸에 기름을 뿌리고 스스로 불

을 붙였습니다. 그리고 마치 한 떨기 붉은 꽃잎처럼 활활 타오르는 불길에 휩싸여 땅바닥에 쓰러지고 말았습니다.

전태일이 마지막으로 남긴 말은 "배가 고프다……."였습니다. 제대로 먹지도 입지도 못하면서 살아 온 스물두 해의 삶을 마치면서 남긴 이 마지막 말은 아주 솔직했습니다. 다른 말을 하지 않더라도, 그 동안 노동자들이 어떻게 살아왔는가를 꼭 집어 뚜렷이 드러내 주는 처절한 외침이 아닐 수 없습니다.

종업원들을 개나 돼지처럼 취급하던 공장 주인과, 그러한 공장 주인을 감싸던 정부 기관에 최소한의 사람 대접은 해 줘야 할 것 아니냐고 외쳤던 전태일의 죽음은 우리 사회에 커다란 충격을 주었습니다.

조영래와 장기표는 자연스레 전태일의 장례 준비를 떠맡고 나섰습니다. 장기표는 전태일의 가족을 만나 함께 처리해야 할 일들을 맡았고, 조영래는 주로 바깥에서 해야 할 일들을 맡았습니다.

전태일의 장례를 치르면서 조영래는 참으로 많은 것을 배웠습니다. 특히 전태일이 혼자 힘으로 근로기준법을 공부할 때 어려운 법률 용어들 때문에 애를 먹으면서 도움을 청할 대학생 친구가 하나도 없음을 한탄했다는 사실을 알고 나자 가슴이 더욱 미어졌습니다.

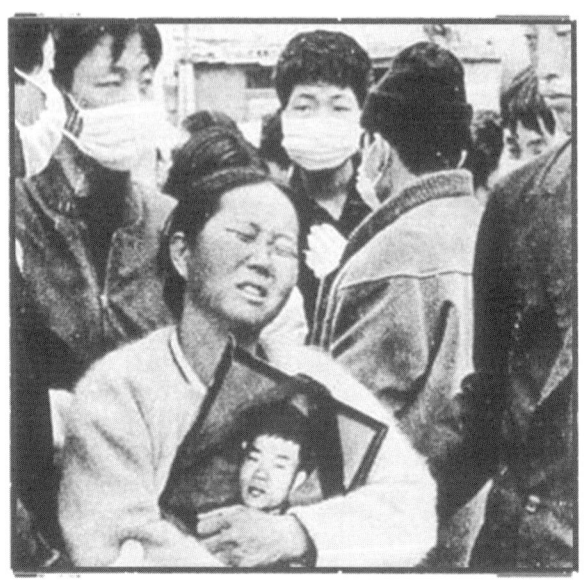

전태일은 조영래에게 평생을 두고 풀어야 할 과제였습니다. 사진은 전태일의 영정 사진을 들고 흐느끼고 있는 어머니 이소선 여사입니다.

우리 사회 한 구석에 그토록 처절하게 외로운 삶을 살고 있는 형제 자매들이 있다는 사실이 뼛속 깊이 새겨지자, 앞으로 자신이 해야 할 일들이 하나 둘씩 정리되었습니다. 그 동안 어렴풋하게만 생각했던 노동 운동에 대해서도 좀더 구체적으로 생각하게 되었습니다.

자기보다 어려운 환경에서 더 힘든 일을 하고 있는 사람들이 많다는 생각을 하자, 조영래는 지금 자신이 하고 있는 공부는 오히려 사치스런 일이라는 생각까지 들었습니다. 그러나 언제까지 그런 생각이나 하고 있을 수만은 없었습니다. 우선 코앞에 닥친 시험을 통과해야 했기 때문입니다. 짧은 기간 안에 빨리 시험에 붙으려면 남보다 열 배 스무 배의 노력을 더 쏟아부어야 했습니다.

얼마 남지 않은 기간 동안 뛰어난 집중력을 바탕으로 시험 준비를 한 보람이 있어, 조영래는 마침내 사법 시험에 합격하였습니다.

시험에 합격하고 나자 조영래는 홀가분해졌습니다. 그때는 자칫 시험 준비 기간이 길어졌다가는 무슨 갑작스런 일이 생겨서 인생의 물줄기가 어떻게 바뀔지 모르는 긴박한 시절이었습니다. 공부한답시고 오랫동안 골방에 처박혀 있어도 좋을 만큼 한가로운 시대가 아니었습니다. 군사 정권은 자신들의 권력을 오래도록 유지하기 위해 온갖 술수와 잔꾀를 짜내 힘을 과시하고 있었던 것입니다.

그런 상황에서 사법 시험에 합격한 조영래에게 1971년은 아주 특별한 해가 되었습니다. 왜냐하면 바로 그 해에 평생 동지이자 아내가 될 이옥경을 만났으며, 또 느닷없이 감옥까지 가게 되었기 때문입니다.

만남 그리고 감옥 생활

사법 시험에 합격하고 나서 사법 연수원에 들어가기 전까지는 얼마 동안의 여유가 있었습니다. 조영래는 바로 전해에 일어난 전태일 분신(스스로 몸을 불사름) 사건을 정리하면서, 어떻게 하면 청년 노동자 전태일의 정신을 살릴 수 있을까 하고 진지하게 궁리해 보았습니다.

'노동자들이 처한 상황이 얼마나 절박했으면 하나뿐인 목숨까지 바쳐 세상을 일깨우려 했을까?'

이런 고민을 하고 있을 즈음, 조영래는 『동아일보』에서 이화여자대학교 4학년 이옥경 학생이 전태일에 관해 쓴 글을 보았습니다. 머릿속이 온통 전태일에 관한 생각으로 꽉 차 있던 조영래는 그 글을 보고 눈이 번쩍 뜨였습니다.

'음, 이 글을 쓴 사람은 전태일의 죽음을 제대로 평가하고 있군.'

이렇게 생각한 조영래는 여기저기 수소문한 끝에 그 글을 쓴 이옥경을 만날 수 있었습니다.

"처음 뵙겠습니다. 조영래라고 합니다."

텁수룩한 머리, 코가 다 닳은 구두, 털털한 차림의 남자가 불쑥 자기를 소개했습니다. 이옥경은 평소 수줍음을 잘 탔지만, 조영래의 수수한 모습을 보자 긴장이 풀렸습니다.

겉모습 그대로 조영래는 다른 사람을 대할 때도 편안하게 해 주는 재주가 있었습니다. 그는 누구든 거리감 없이 대했습니다. 결코 위엄을 부리거나 격식을 차려서 사람을 대하는 법이 없었습니다. 이옥경은 그런 조영래에게 빨려들어가 처음 만났는데도 전혀 어색하거나 쑥스럽지가 않았습니다.

그 뒤로 조영래는 이옥경과 그의 학교 친구들이 꾸리는 독서 모임에 가끔 얼굴을 비치곤 했습니다. 말하자면 선배 자격으로, 독서 모임의 진행 방법과 읽어야 할 책 등에 대해 도움말을 주기 위해서였습니다.

몇 차례의 모임에 나간 뒤 조영래는 사법 연수원에 들어갔습니다. 사법 시험에 합격하면 사법 연수원을 거쳐야 판검사를 할 수 있고 변호사 자격도 생기기 때문입니다.

그런데 조영래가 사법 연수원에 들어간 지 얼마 안 된 1971

년 11월 12일, 박정희 군사 정권은 중앙 정보부를 통하여 어마어마한 사건을 발표했습니다.

그 해 4월에 치러진 대통령 선거에서 후보로 나온 박정희는 김대중 후보를 아주 적은 표차로 이겼습니다. 게다가 부정 선거라는 의혹이 짙어 국민들의 반발이 예상되자 박정희 정권은 갑자기 불안해졌습니다.

예나 지금이나 독재자들은 정권을 유지하기 위해 누군가를 희생양으로 삼는 일을 서슴지 않습니다. 박정희도 국민들의 의혹과 반발을 잠재우기 위해서는 뭔가 탄압의 구실로 삼을 수 있는 제물이 필요했습니다. 바로 그때 누구의 머리에서인지 학생들을 끌고 들어가자는 제안이 나왔습니다.

'서울대생 내란 예비 음모 사건.'

그 사건의 주요 내용은 조영래, 이신범, 장기표, 심재권 등 서울대 출신 네 사람이 정부를 뒤집어엎은 뒤, 각계 대표를 중심으로 '민주 혁명 위원회'라는 조직을 만들어 정국을 수습하고 새 정부를 세우려 했다는 것입니다.

이들은 모두 내란 예비 음모 혐의로 구속되었습니다. 그러나 누가 보아도 검찰의 공소장(검사가 법원에 재판을 청구할 때 필요한 사항을 적어 내는 서류)은 허술하기 짝이 없었습니다. 공소장에는 위의 네 사람이 아홉 단계를 거쳐 차근차근 정부를 뒤엎고 새 정부를 수립하려고 계획했다는 내용이 들어 있었습니다.

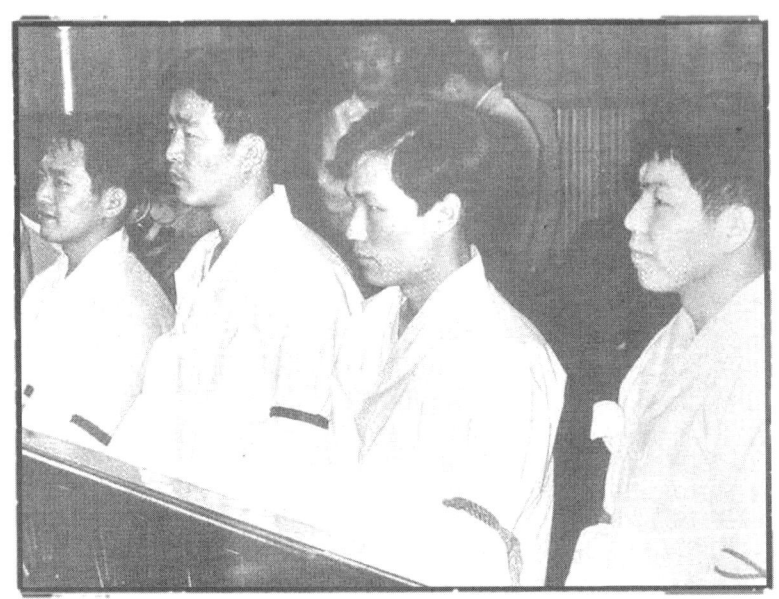

1972년에 열린 '서울대생 내란 예비 음모 사건'에 대한 선거 공판 모습입니다 위쪽부터 심재권, 장기표, 이신범, 조영래입니다

물론 그 내용은 중앙 정보부의 수사관들이 사건을 거짓으로 꾸미기 위해 만들어 낸 것입니다. 그들을 잡아다 놓고 전기 고문, 잠 안 재우기, 폭행, 협박 따위의 가혹한 고문을 해서 자기들이 만든 각본대로 강제 자백을 하게 만든 것입니다. 그래서 당시 어떤 변호사는 공소장에 적힌 9단계 작전이라는 것을 보고 어이가 없어 '환상의 아홉 고개'라며 쓴웃음을 짓기도 했고, 대부분의 사람들은 마치 무협지 같은 얘기라며 고개를 절레절레 흔들었습니다.

공소장의 내용을 억지로라도 믿고 싶은 사람은 오직 군사 정권의 시녀인 수사관들뿐이었습니다. 사실 그들도 속으로는 자신들이 쓴 각본에 맞춰 펼쳐지는 연극에서 각자 맡은 배역을 하느라 혼이 났습니다.

조영래는 중앙 정보부에 끌려간 뒤 고문의 고통이 하도 심해 탈출을 하려고까지 했습니다. 그러다가 이내 붙잡혀 진짜 간첩 수용소로 옮겨지기도 했습니다.

'이건 전부 새빨간 거짓말인데 어떻게 해야 하나. 게다가 세상 사람들은 수사관들이 우릴 잡아다가 이런 사건을 억지로 꾸미고 있는지조차 모르고 있겠지? 그렇다면 우선 저들이 원하는 대로 인정해 주고, 나중에 법원에서 재판받을 때 모든 사실을 제대로 밝혀야겠다.'

이렇게 생각한 조영래는 재판을 받으러 법원에 가기만 하면 모든 진실이 밝혀지리라 기대하면서 하는 수 없이 수사관들이 내민 각본을 인정해 주고 말았습니다.

드디어 조영래와 그의 동료들은 재판을 받게 되었습니다. 그들은 이 어마어마한 사건이 조작된 것이라며 사건을 맡은 재판부가 진실을 밝혀 줄 것을 요구했습니다. 그러나 법원도 군사 정권의 꼭두각시에 지나지 않았습니다. 정부가 국가 비상 사태까지 선포한 뒤였기 때문에, 법원에서도 양심적인 판단을 내리지 않았습니다.

법학을 공부하고 사법 시험에까지 합격한 조영래였지만 법원의 판결을 지켜보면서 법이 정의를 지키지 않는다는 것을 몸소 겪어야 했습니다. 법은 그저 권력자의 자리나 지켜 주는 시녀 노릇을 하고 있을 뿐이었습니다.

조영래는 몹시 괴로웠습니다.

'왜 법은 정의의 편이 아닌가? 왜 현실은 책에서 배운 대로 되지 않는 것일까?'

그 재판에서 조영래는 징역형을 선고받고 감옥살이를 하게 되었습니다.

"피고 조영래에게 1년 6월의 징역형을 선고한다!"

사실 어마어마한 죄명치고는 벌이 오히려 가벼운 편이었습니다. 그것은 조영래를 비롯한 네 사람이 실제로는 잘못한 게 없다는 것을 정부 스스로 인정하는 꼴이었습니다. 또한 박정희가 계속 정권을 잡고 자기에게 반대하는 세력을 통제하기 위해 그들을 희생양으로 삼았다는 것을 스스로 증명하는 것이었습니다.

그런데도 박정희 군사 정권은 한 발 더 나아가 국회를 해산하고 전국에 계엄령을 내렸습니다. 아울러 대학에도 수업을 못 하게 하는 휴교령을 내렸으며, 신문과 통신에 대해 사전 검열을 하기 시작했습니다. 또 '통일 주체 국민 회의'라는 것을 만들어서 박정희 혼자 출마하고 다시 대통령에 당선되는 우스꽝스러운 일을 벌이기도 했습니다.

그러한 일들은 모두가 박정희라는 한 개인이 권력에 지나치게 집착한 데서 비롯된 것입니다. 국가 안보와 경제 성장을 위해서라는 명분도 얼마 지나지 않아 거짓으로 가득 찬 정권 놀음이라는 것이 밝혀졌습니다.

한 개인의 독재에 따른 피해가 온 국민에게 직접 간접으로 미친 1970년대는 내내 우울하기만 했습니다.

서울 구치소를 거쳐 대전 교도소에서 본격적인 감옥 생활이 시작되자, 어머니가 면회를 왔습니다. 고문 후유증과 치질 때문에 조영래의 속옷은 늘 피에 젖어 있었습니다.

"영래야, 아무 잘못도 없는 네가 이게 웬일이냐."

아들에게 잘못이 없다는 것을 잘 아는 어머니로서는 아들이옥에 갇혀 있다는 사실이 한없이 억울하기만 했습니다. 게다가 몸까지 형편 없이 망가져 있는 것을 보니 속이 부글부글 끓다 못해 눈물이 나왔습니다.

그러나 조영래는 나름대로 감옥 생활에 적응하고 있던 참이어서 오히려 차분함을 되찾고 있었습니다.

"어머니, 울지 마세요. 저는 잘못한 게 없으니 마음이 편해요. 저를 여기에 가둔 사람들 마음이 오히려 더 편치 않을 거예요."

어머니는 아들 앞에서 눈물을 더 보일 수 없어, 속옷 따위를 비롯해 가져간 물건들만 넣어 주고 곧장 돌아섰습니다. 조영래는 어머니가 들여보내 준 물건들을 그 동안 사귄 감방 동료들에게 모두 나눠 주었습니다.

조영래는 처음 얼마 동안은 독방에 혼자 있었지만, 나중에는 일반 죄수들과 함께 지내면서 '동료'들을 제법 많이 알게 되었습니다. 조영래는 감옥 생활을 통하여 오히려 더 많은 '사회 공부'를 할 수 있었습니다. 조영래가 들어 있는 감방에는 전과가 열 번이 넘는 사람도 있었고, 네다섯 번 정도 감옥을 드나든 사람들은 숱하게 많았습니다.

조영래가 그 방에서 오래 있게 되어 '감방장' 노릇을 하게 되자, 새로 들어오는 사람이 하게 되어 있는 이른바 '신고식'이라는 걸 없애고 대신 편한 마음으로 자기 소개를 하게 했습니다.

조영래는 새로 들어온 사람들이 자신을 소개하는 시간을 통하여 감옥에 들락거리는 사람들의 눈물겨운 인생살이를 실감나게 들을 수 있었습니다. 그들 대부분은 사람 자체가 나빠서 범죄를 저지르는 것이 아니라 어린 시절의 가정 환경이 불행했기 때문에 그렇게 된 경우가 많았습니다. 여러 사람들의 이야기를 듣다 보니 정말 기가 막힌 경우도 많았습니다.

법정에서 재판을 받기 위해 호송차를 타고 다닐 때, 그곳에서 만난 한 소년이 들려준 이야기입니다.

"넌 어쩌다가 이렇게 됐니?"

"저요? 모르겠어요. 암만 생각해도 잘못한 게 없는 것 같은데……"

"그래? 그럼 도대체 왜 여기에 오게 됐니?"

"어느 가게에서 라면을 하나 샀어요. 그런데 라면을 끓일 냄비가 없길래, 다시 그 가게에 가서 아무 생각 없이 바닥에 놓여 있던 냄비를 가지고 나왔어요. 물론 라면을 끓여 먹고 나서 다시 갖다 놓을 생각이었어요. 그런데 가게 주인이 제가 냄비를 훔쳐 갔다면서 경찰에 신고를 했어요. 전 냄비를 훔칠 생각이 전혀 아니었지만 아무리 사실대로 얘기해도 소용이 없었어요. 그래서 이렇게……"

또 꽁치 세 마리를 훔쳤다가 대단한 도둑으로 몰려 들어온 청년도 있었습니다.

'세상에! 법이 인간을 위해 있는 건지 인간이 법을 위해 있는 건지 알다가도 모를 일이군. 진짜 큰 도둑놈들은 하나도 잡히지 않고, 만날 좀도둑들로만 감옥이 꽉 차 있으니…….'

정말 그랬습니다. 총칼을 든 사람들이나 그들에게 빌붙어 국민의 피를 빨아먹는 진짜 큰 도둑놈들은 언제나 잘 먹고 잘 입고 고개를 빳빳이 세우고 거리를 나다니고 있었습니다. 그러나 배가 고파 빵 한 조각, 생선 몇 토막을 훔친 좀도둑들은 감옥으로 가야 했습니다.

조영래가 감옥에 들어가자 이옥경은 마음이 아프고 애가 닳았습니다. 비록 많이 만나지는 않았어도 조영래의 인상이 아주 강하게 남아 있었기 때문에 모른 체하고 지낼 수가 없었습니다.

이옥경은 조영래의 옥바라지를 하고 싶었지만 조영래가 말렸습니다. 정권을 유지하기 위해 항상 새로운 사건을 억지로 만들고 있는 독재 정권의 시녀인 수사관들에게 두 사람의 관계가 드러나면 또 어떤 사건을 꾸밀지 모르기 때문이었습니다.

서로를 염려하고 아끼는 두 사람의 마음은 훗날 부부의 인연을 맺게 하는 끈이 되었습니다.

감옥에서는 나왔건만

봄비가 내렸습니다. 대전 교도소 뜰에 서 있는 버드나무에 물이 오르기 시작했습니다. 나무들은 촉촉한 단비를 맞으며 목을 축였습니다.

얼마 안 있으면 조영래는 1년 6개월의 감옥 생활을 마치고 감옥을 나가게 됩니다. 밖으로 나갈 날만을 기다리는 그의 귓전에도 봄비 소리가 들려왔습니다. 봄비는 버드나무의 목마름을 축여 주었을 뿐만 아니라 조영래의 목마른 영혼까지 촉촉히 적셔 주었습니다.

하루하루 푸르름을 더해 가는 버드나무 가지처럼, 봄비는 조영래의 영혼과 육체에 푸르름을 더해 주었습니다. 봄비 소리를 따라 어디선가 이옥경의 목소리가 나직이 들려오는 듯했

습니다.

'무엇보다도 건강해야 합니다.'

'그래요, 건강하게 만납시다.'

혼잣말로 그렇게 대답하면서 조영래는 멋쩍은 웃음을 지었습니다.

생각하면 아주 오래 전의 일 같았습니다. 사법 연수원에 다니다가 느닷없이 내란 음모라는 어마어마한 죄명을 달고 중앙 정보부로, 검찰로, 법정으로, 감옥으로 다니던 일이 모두 꿈처럼 아득하게 느껴졌습니다.

그러나 지난 1년 6개월의 시간은 오히려 사회에서 배우지 못한 소중한 것들을 알게 해 주었습니다. 조영래는 무엇보다도 자기가 다른 사람들에 비해 가진 것이 많다는 것을 느낄 수 있었습니다. 그래서 앞으로 자기가 가진 것 모두를 남을 위해서 써야겠다는 생각을 했습니다. 사회에 있을 때는 잘 몰랐는데, 감옥에 들어앉아 있어 보니 그런 생각이 들었습니다.

감방 동료들은 조영래가 해야 할 일을 가르쳐 준 스승 노릇을 했던 것입니다. 자신이 얼마나 현실을 모르고 있었던가 하는 점도 깨닫게 되었습니다.

조영래는 봄비 소리를 들으며, 감옥에서 나가면 해야 할 일들을 떠올렸습니다. 앞으로 해야 할 일들이 하나 둘 떠올랐다 사라졌다 했습니다.

마침내 조영래는 대전 교도소를 나와 서울로 돌아왔습니다. 그 동안 조영래의 몸은 많이 상해 있었습니다. 그렇지만 몸이 조금 상했다고 뒷전에서 게으름을 피우고 있을 조영래가 아니었습니다.

사회는 '유신 체제'의 시퍼런 칼날이 다스리는 상황으로 더욱 나빠져 있었습니다. '유신 체제'란 대통령 박정희가 아무도 건드릴 수 없는 힘을 거머쥐고 오래도록 사회를 쉽게 통제하기 위해 만든 체제입니다.

조영래가 감옥에서 풀려 난 1973년은 유신 정권이 탄압의 고삐를 더욱 죄기 시작한 해였습니다. 8월에는 야당인 신민당의 대통령 후보였던 김대중을 일본 도쿄에서 서울로 강제 납치한 '김대중 납치 사건'이 있었고, 1974년 1월부터는 '긴급 조치'라는 해괴망측한 칼날을 마음대로 휘두르면서 사회를 온통 불안에 떨게 했습니다. '긴급 조치'란 박정희가 유신 정권에 반대 의견을 가진 사람을 억누르고 국민들을 쉽게 다스리기 위해 내린 조치랍니다.

이처럼 사회의 민주화를 이루려는 운동 세력에 대한 탄압이 한층 심해지자 사회는 점점 더 살벌하고 숨막히는 분위기로 변해 갔습니다.

이때 조영래는 시인 김지하 등과 더불어 유신을 없애기 위한 전국적인 투쟁 조직으로 '전국 민주 청년 학생 총연맹'을 꾸리

조영래는 민청학련 사건의 주모자로 지목되어 오랫동안 도피 생활을 해야 했습니다. 사진은 민청학련 관련자들을 석방하는 장면입니다.

게 됩니다. 흔히 '민청학련'이라고 부르지요. '민청학련'은 유신 정권의 탄압에 굽히지 않고 학생 운동을 더욱 조직적이고 적극적으로 해 나가기 위해 만들어진 것입니다. 이 조직에서 조영래는 자금책이라는 중요한 직책을 맡았습니다.

그런데 1974년 4월에 정부는 '민청학련' 사건을 발표하고, '민청학련'과 관련된 모든 활동을 금지하는 것을 주요 내용으로 하는 대통령 긴급 조치 제4호를 선포했습니다. 이렇게 해서 '민청학련'은 정부의 탄압을 받게 됩니다.

이 사건으로 조영래는 쫓기는 사람이 되어 그때부터 끝이 보이지 않는 도피 생활을 해야 했습니다. 형사들의 눈을 피해 숨어 다니는 일은 그야말로 하루하루 숨이 막히는 일이었습니다.

형사들은 부모님이 사는 집은 물론이고 누나 집과 그 밖의 친척집 할 것 없이 조영래가 갈 만한 곳이라면 시도 때도 없이 들락거렸습니다. 또 가족들은 예고도 없이 들이닥친 형사들에게 끌려가 조영래가 있을 만한 곳을 대라는 성화에 시달려야 했습니다.

그뿐이 아니었습니다. 심지어는 조영래의 동생 조성래가 운영하는 회사에 근무하는 여직원을 협박하여 그 회사에서 일어나는 일을 모두 보고하게 하는 등 갈수록 악랄한 수법을 썼습니다.

하지만 그렇다고 자수를 할 수는 없었습니다. 잘못한 것도,

죄를 지은 것도 없기 때문입니다.

 조영래는 오랫동안 잡히지 않고 힘들게 피해 다니면서 더 큰 일을 해냈습니다. 수배를 당하자마자 조영래는 먼저 전태일의 전기를 쓰는 일에 온 힘을 기울여야겠다고 마음먹었습니다. 사법 시험 공부를 하는 도중에 맞은 전태일의 죽음은 조영래의 삶에 아주 커다란 영향을 주고 있었습니다. 그래서 조영래는 숨어 다니는 수배 기간이 오히려 전태일의 전기를 쓰기엔 아주 좋은 기회라는 생각이 들었습니다.

 그러나 수배자인 조영래가 숨어 살 만한 곳은 마땅치가 않았습니다. 조영래가 쫓겨다니던 유신 시대는 수배자를 숨겨 주기만 해도 징역 10년을 살게 한다는 등 무척이나 엄포가 심하던 때였습니다. 그래서 아는 집에서 숨어 지내고자 찾아갔다가 말도 못 꺼내고 나오기를 여러 차례 거듭해야 했습니다.

 경찰과 정보 기관은 조영래를 찾기 위해 모든 수단과 방법을 다 썼습니다.

 그때 조영래와 이옥경은 양쪽 집안에서 모두 결혼을 허락받고 결혼식 날짜를 잡으려는 중이었습니다. 그러다가 조영래가 수배자가 되는 바람에 결혼식을 올릴 수 없게 되고 말았습니다. 이옥경은 자신을 귀찮게 하는 형사들에게 조영래와 헤어졌다고 했으며, 또 그렇게 보이도록 행동했습니다.

 그런데 수배당한 젊은 남자가 혼자 살 방을 얻는다는 것은 무척 힘든 일이었습니다.

"젊은 남자 혼자 살 방을 얻으려니 방 구하기가 더 힘든 거예요."

"글쎄, 그러네. 그렇다고 아는 집에 가 있을 수도 없고……."

"아예 신혼살림을 차리면 어때요?"

"신혼살림? 우리 둘이서 같이 살자는 얘기요?"

"네, 다른 사람들도 신혼인 남자를 수배자라고 의심하지는 않을 것 같은데요……."

이렇게 해서 두 사람은 아예 같이 살기로 했습니다.

하지만 낮에 이옥경의 친정집에 형사가 다녀가면 그날 저녁 이옥경은 반드시 친정집에 가 있어야 했습니다. 그래야 형사들이 눈치를 챌 수 없을 테니까요.

두 사람이 함께 생활할 수 있게 된 데에는 주변 사람들의 도움도 컸습니다. 모두들 두 사람의 관계와 사는 곳이 드러나지 않도록 열심히 방패막이가 돼 주었거든요.

조영래와 이옥경은 서울 홍은동의 어느 양철지붕 옥탑방에서 살았습니다. 조영래는 그곳에 사는 동안 날마다 전태일의 어머니 이소선 여사를 만나 필요한 이야기들을 열심히 받아 적었습니다.

그 집에서 쓰기 시작한 전태일 평전은 그 뒤 꽤 오랜 시간이 지나 완성됩니다. 어떤 때는 어느 집 지하의 보일러실에서 글을 쓰기도 했고, 어떤 때는 길거리 한 귀퉁이의 어두침침한 다방 구석에 앉아 한 자 한 자 적으며 전태일의 삶을 되짚어 보기도 했습니다.

'우리가 이야기하려는 사람은 누구인가?'

그때까지는 전태일의 삶에 관해 세상에 제대로 알려진 것이 없었기 때문에, 전태일 평전 『어느 청년 노동자의 삶과 죽음』은 이처럼 전태일이 누구인가를 막바로 묻는 형식으로 시작됩니다. 조영래는 온몸으로, 사람을 향한 따뜻한 마음과 세상을 향해 열린 마음을 모두 쏟아부어 설득력 있고 차분한 문장으로 전태일의 들불 같은 삶을 그려 냈습니다. 원고가 완성되자 조영래는 청계 피복 노조 총무부장이었던 민종덕을 찾아가 전태일의 삶을 그린 원고를 건네주었습니다.

그러나 그 시절 우리 나라에서 전태일의 이름을 입에 올린다는 것은 상상도 못 할 일이었습니다. 결국 그 원고는 어떤 인권 단체를 거쳐 일본으로 건너가 『불이여 나를 태우라―어느 한국 청년 노동자의 삶과 죽음』이라는 일본어판으로 먼저 출간되는 운명을 맞아야 했습니다. 물론 지은이 이름으로 조영래를 쓰지도 못했습니다.

엉뚱하게도 일본에서 먼저 출간된 『어느 한국 청년 노동자의 삶과 죽음』은 우연히 일본에 갔던 서남동 목사의 눈에 띄어 나중에 국내에서 출판되었습니다. 책을 집필하기 시작한 지 거의

전태일 평전은 처음에 『어느 청년 노동자의 삶과 죽음』이라는 제목으로 출간되었으며, 그 당시에는 지은이 조영래의 이름을 밝힐 수 없었습니다. 조영래가 세상을 뜨고 난 뒤에야 그를 지은이로 밝혀 개정판을 냈습니다.

10년쯤 뒤의 일입니다.

전태일 평전이 국내에서 출판되었을 때는 박정희에 이어 전두환 군사 독재 정권이 나라를 숨죽이게 하고 있을 때였습니다. 그래서 그 책이 나오자마자 판매 금지 조치가 내려졌습니다. 그러나 독자들의 사랑은 뜨거웠습니다. 밤새워 눈물 흘리며 그 책을 읽은 사람들이 많았습니다. 1980년대라는 시대의 가파른 고갯길을 지나면서 그 책은 많은 노동자들에게 깊은 감명을 안겨 주는 고전이 되다시피 했습니다.

하지만 조영래는 워낙 겸손했기 때문에, 나중에 자기가 그 책을 썼다는 걸 밝힐 수 있었는데도 살아 생전에는 조영래라는 이름을 드러내지 않았습니다. 조영래가 세상을 뜨고 나서야 그를 지은이로 밝혀서 개정판을 내게 됩니다. 그제야 책의 제목도 당당하게 『전태일 평전』으로 바뀌었습니다. 전태일의 '전' 자도 꺼내지 못하던 시절에 나온 책이 스스로의 힘으로 마침내 책의 제목과 지은이 이름까지 함께 찾게 된 것입니다.

조영래는 도피 생활을 하는 동안 전태일의 일생을 책으로 쓰는 일말고도 많은 일을 했습니다. 몰래 각종 집회의 뒷감당을 하느라 얼굴을 내놓고 다닐 때보다 더 바빴습니다.

숨어 다니면서도 조영래는 자신의 힘을 필요로 하는 곳에는 어떤 식으로든 도움을 주려고 노력했습니다. 자기 몫을 다해야 직성이 풀리는 그는 수배 기간이라고 해서 게을러지는 것을 스스로 용납하지 않았습니다.

그 사이에 조영래와 이옥경 사이에는 첫아들 일평이가 태어났습니다. 두 사람의 사랑의 결실이었습니다. 정식으로 식도 올리지 못하고 발 뻗고 누워서 편히 잠잘 만한 방 한 칸도 제대로 없는 형편이었지만, 두 사람은 기쁘기만 했습니다.

"이 애가 어른이 되었을 땐 아름다운 세상을 볼 수 있도록 우리가 더욱 열심히 삽시다."

쫓기는 몸으로 아이를 키운다는 것은 무척 힘든 일이었습니다. 그러나 하루가 다르게 쑥쑥 자라는 아이를 볼 때마다 두 사람은 새로운 힘이 솟아났습니다.

"여보, 이 녀석이 있으니까 더 든든한 것 같지 않소?"

정말 그랬습니다. 새로운 생명은 새로운 기운을 안고 세상에 태어납니다. 그래서 두 사람 사이에 일평이의 기운이 보태지자, 두 사람은 더욱 든든함을 느끼게 된 것입니다.

조영래는 워낙 아이들을 좋아해서 아이의 기저귀를 가는 일도 즐겁기만 했습니다.

그때 이옥경은 모교의 한 연구소에서 연구원으로 일하고 있었습니다. 그래서 이옥경이 일하러 나가고 없는 낮 동안에는 조영래가 아이를 돌보거나 세들어 사는 집의 할머니가 데리고 놀아 주었습니다. 형사들은 이옥경의 드러난 생활을 보고도 늘 감시의 눈초리를 거두지 않고 있었습니다. 사실 조영래와 이옥경이 같이 살면서 아이까지 낳았다는 건 많은 사람들이 잘 알고 있는 일이었습니다. 하지만 모두들 비밀을 철저하게 지켜 준 덕분에 두 사람은 형사들에게 자신들의 둥지를 들키지 않을 수 있었습니다.

수배 생활은 무려 여섯 해 동안이나 계속되었습니다.

숨어 살긴 했지만 아이를 키우는 일에 웬만큼 익숙해질 무렵, 이옥경은 덴마크 외무성의 초청을 받아 8개월 동안 연수 프로그램에 참여하게 되었습니다. 이옥경이 그 연수 프로그램에 참여하기로 마음먹은 이유는 조영래를 더욱 단단히 보호하기 위해서였습니다.

"보세요. 내가 그 사람과 관계가 있으면 외국에 나갈 수나 있겠어요?"

형사들도 그 말에는 별다른 트집을 잡지 않았습니다.

이옥경이 덴마크로 떠나게 되자 일평이는 할머니 댁으로 가게 됩니다.

"이 애는 미국에 있는 딸네 아이요. 딸이 바빠서 외손주 좀 맡아 달라고 해서 데려온 거예요."

다행히도 형사들은 그 말을 별 의심 없이 받아들였습니다.

이리하여 세 식구는 당분간 따로따로 살게 되었습니다.

도망을 다니더라도

 몇 년씩이나 쫓기는 불안한 생활 속에서도 조영래는 전태일 평전을 썼고, 민주 세력의 모임에도 빠짐없이 자신의 힘을 보탰습니다. 그리고 틈틈이 공부하여 보일러 기능사를 비롯해 환경공해와 관련된 기능사 자격증 같은 것까지 땄습니다.
 '도망을 다니더라도 일을 하면서 다녀야 해.'
 언제까지 피해 다니며 살아야 할지 모르는 상황이었습니다. 그래서 숨어 다니면서도 일을 해야 한다는 생각에 기능사 자격증을 따기 시작한 것입니다.
 쫓겨다니면서 기능사 자격증을 따는 것은 대학 시절 친구인 김근태가 진작부터 제안하고 제일 먼저 시작한 일이었습니다. 조영래가 생각하기에도 김근태의 발상은 새로웠습니다. 그래서 자신도 기능사 자격증을 따다 보니 자그마치 일곱 가지나 따게 되었습니다.

'쉼 없이 뭔가를 해야 한다. 아무리 어려운 상황이라도 잘 궁리해 보면 그 상황에서 꼭 해야 할 일이 있게 마련이야.'

조영래는 결코 입으로만 떠들거나 머리로만 따지는 성격이 아니었습니다. 그래서 언제나 실제적이고 구체적인 일을 하려고 애썼으며, 아무리 하찮은 일이라도 온몸으로 매달려서 처리했습니다.

또한 쫓겨다니는 처지에서도 민주 세력에게 필요하다면 어디든 달려가 모든 지혜와 능력을 짜내어 일을 처리했습니다. '김지하 양심 선언'이라는 사건에 깊이 빠져들게 된 것도 모두 그러한 조영래의 성격 때문이었습니다.

유신 체제가 한창 극성을 부리던 때에 '김지하 양심 선언'이라는 사건이 터졌습니다. 김지하는 판소리 가락을 통해 정부의 높은 관리와 부자들을 날카롭게 비판한 시 「오적」을 쓴 저항 시인입니다. 그런데 김지하가 이른바 '전국 민주 청년 학생 총연맹' 사건의 주모자로 체포되어 사형을 선고받은 뒤 무기 징역으로 형이 줄어들었습니다. 물론 나중에는 형 집행 정지로 풀려났습니다. 유신 정권으로서도 그러한 법 집행이 억지스럽다는 것을 알고 있었기 때문에 그런 조치를 내린 것입니다.

그런데 감옥에서 나온 김지하는 바로 다음 달에 다시 체포되었습니다. 김지하가 신문에 발표한 글과 작품을 쓰기 위해 적어 두었던 걸 트집잡아 다시 잡아들인 것입니다. 유신 체제를 반대하는 대표적인 인물 김지하를 다시 잡아들이기 위한 명분을 만들기 위해, 유신 정권은 김지하의 글들을 문제삼아 김지하를 빨갱이로 몰아갔습니다.

'이거 정말 큰일이군. 김지하를 빨갱이로 모는 것은 우리 민주 세력 전체를 궁지로 몰아 탄압하려고 그러는 거야.'

당시 유신 정권은 독재에 반대하는 사람은 걸핏하면 빨갱이로 몰아 감옥에 보냈습니다. 그런데 김지하가 빨갱이로 몰리는 것은 김지하 개인만의 문제가 아니었습니다. 김지하의 생명이 위태로워지는 것은 물론이고 민주 세력으로서도 엄청난 손실을 입게 됩니다. 조영래는 김지하도 살리고 민주 세력도 함정에 빠지지 않는 길을 찾아보았습니다. 아무래도 김지하 이름으로 뭔가 성명서 같은 것을 발표해야 한다는 판단이 섰습니다.

조영래는 여러 사람의 도움을 받아 감옥에 있는 김지하와 어렵게 연락을 했습니다. 간접적인 방법을 통하긴 했지만, 마침내 조영래는 김지하와 여러 가지 의견을 주고받게 되었습니다. 그렇게 해서 만들어진 것이 '김지하 양심 선언'입니다. '김지하 양심 선언'은 미국과 일본에서 동시에 발표되어 전세계적인 관심을 불러일으켰습니다.

무슨 일이든지 한번 매달리면 어떻게 처리해야 할지에 대한 판단력이 뛰어난 조영래는 어떤 일의 당사자를 설득하는 데에도 자신감과 끈기를 갖고 대했습니다. 그래서 사람들은 조영래의 열정과 올바른 일 처리에 모두 혀를 내둘렀습니다.

그렇지만 조영래는 무슨 일을 하든 자기 자신을 내세우는 법이 없었습니다. 누가 일을 추진했건 뜻만 이루면 된다는 생각에서였습니다. 조영래는 공을 따지는 건 일 자체에 아무런 도움도 되지 않는다는 생각을 가진 사람이었습니다.

이 같은 조영래의 겸손한 태도는 어려서부터 산을 좋아하는 데서 비롯되었습니다. 언제나 모든 것을 보듬어 주는 산의 넉넉한 품성을 닮아 있었던 것이지요.

조영래는 몸과 마음이 지칠 때마다 산이 더욱 그리웠지만 쫓기는 몸이라서 쉽사리 산을 찾을 수 없었습니다. 시외로 통하는 길목 곳곳마다 검문소가 겹겹으로 배치되어 있어서 함부로 돌아다닐 수 없었기 때문입니다.

조영래는 산 가운데에서도 지리산을 가장 좋아했습니다. 전라 남·북도와 경상남도 등 3개 도에 걸쳐 넉넉한 품을 가진 지리산은 예부터 이 땅의 어머니 같은 산이었습니다. 그러나 쫓기는 몸이라 아무 때나 가 볼 수는 없었습니다.

그런데 마침 지리산은 아니었지만 산에 갈 기회가 생겼습니다. 친구 손학규가 몸이 좋지 않아 얼마 동안 오대산 월정사에 딸린 조그만 암자에서 지내기로 하자 조영래도 가기로 한 것입니다. 조영래는 용케 검문소를 통과하여 무사히 암자에 도착했습니다.

산에서, 그것도 암자에서 잠을 잔다는 것은 조영래에게 무척 흥분되는 일이었습니다.

'역시 산이 좋아. 어쩌면 이렇게 편안하지? 세상이 모두 산처럼 아늑하고 푸근하다면 얼마나 좋을까?'

조영래는 그렇게 암자에서 맞는 첫 밤을 보냈습니다.

암자에서 지낸 며칠 뒤, 스님이 밖에 잠깐 나가고 없을 때였습니다. 산 아래 마을에 사는 아주머니 한 명이 불공을 드리러 왔습니다.

한 분뿐인 스님이 때마침 출타 중이어서 아주머니는 몹시 실망하는 눈치였습니다. 그러자 조영래가 자리에서 갑자기 벌떡 일어나더니 스님 방에 가서 장삼을 입고 가사까지 떡 걸치고 나왔습니다.

손학규가 깜짝 놀라며 눈을 휘둥그렇게 떴습니다.

"아니, 영래 자네 뭐 하려고 그러나?"

"자넨 잠자코 있기만 하면 돼."

그러면서 영래는 제법 근엄한 표정을 지으며 법당으로 들어가 불공을 드리러 온 아주머니에게 물었습니다.

"아주머니, 스님은 지금 밖에 나가고 안 계십니다. 오늘 꼭 불공을 드려야 한다면 제가 대신 해 드리겠습니다."

아주머니는 잠시 머뭇거렸습니다. 그러나 조영래의 태도가 워낙 진지했기 때문에 아주머니는 조영래의 말에 따르기로 했습니다.

목탁을 잡은 조영래의 입에서 염불 소리가 쏟아져 나왔습니다. 목탁 소리에 맞춰 외는 염불 소리는 제법 낭랑해서 들을 만했습니다. 그제야 아주머니는 미심쩍어하는 표정을 풀고 열심히 절을 하며 불공을 드렸습니다.

꽤 오랜 시간 동안 조영래는 열심히 목탁을 치며 염불을 외었습니다. 이마에는 송글송글 땀방울이 맺혔습니다.

불공이 끝난 뒤 아주머니는 아주 만족스러운 얼굴로 산을 내려갔습니다.

아주머니가 가고 난 뒤 손학규가 물었습니다.

"햐, 제법이던데? 스님이 되어도 밥은 안 굶겠어."

"이 친구 말하는 것 좀 보게. 밥 안 굶으려고 스님 되는 사람도 있는가?"

"근데 자네 염불하는 걸 들어 보니까 「반야심경」에다 다른 걸 섞어서 하는 것 같던데, 도대체 뭘로 시간을 때운 건가?"

"시간을 때우다니? 난 정성을 다해서 했네. 「천수경」을 외워 주었어."

손학규는 조영래가 늘 엉뚱한 짓을 잘한다는 것을 알고 있었습니다. 하지만 염불까지 하며 불공을 대신 드려 주는 것은 상상도 못 했던 일이었습니다.

  그러나 조영래한테는 불경을 외고 목탁을 치는 일 정도는 별로 어려운 일이 아니었습니다. 어려서 개운사와 대원암에 드나들며 틈나는 대로 익힌 것을 되살려 본 것뿐이었습니다. 단지 불공드리러 온 사람의 마음을 편안하게 풀어 줄 만큼 정성스레 염불을 하고 기원을 하는 것이 어려운 일이었습니다.

  마음이 푸근하고 즐거운 암자 생활이었지만, 조영래는 한 곳에 오래 머무를 수 없는 처지여서 스무 날 만에 다시 서울로 돌아왔습니다.

  조영래는 평소 감기 한번 앓은 적이 없을 만큼 건강하고 정신적으로도 강인하게 수양이 되어 있다고 자부하던 사람이었습니다. 그런데 수배 기간이 길어지면서 머리카락이 빠지는 등 몸에 조금씩 변화가 생기기 시작했습니다. 하루하루가 긴장의 연속이어서 거의 습관적으로 담배를 입에 물고 있게 된 것도 이때부터였습니다.

  천년만년 갈 것 같던 유신 정권도 총 소리 한 방에 무너져 내렸습니다. 독재 정권을 무리하게 연장시키려던 대통령 박정희가 자신이 아끼던 부하 김재규의 총에 맞아 저세상으로 가는 사건이 벌어진 것입니다.

  1979년 10월 26일, 마침내 18년에 걸친 욕된 군사 독재 정권이 무너졌습니다. 그와 동시에 무려 여섯 해에 걸친 조영래의 도피 생활도 끝나게 되었습니다.

1980년 2월 23일, 도피 생활을 끝낸 조영래와 이옥경은 이옥경의 모교인 이화여자대학교 강당에서 꿈에도 그리던 결혼식을 올렸습니다. 큰아들 일평이는 벌써 다섯 살이 되어 있었습니다. 일평이에겐 초록색 두루마기를 입히고, 신랑은 양복을 입고, 신부는 한복에 면사포를 썼습니다.

부모가 뒤늦은 결혼식을 치른 덕분에 큰아들 일평이는 부모의 결혼식에 참가하는 특이한 경험을 하게 됩니다. 그래서 훗날 태어난 둘째 무현이는 부모의 결혼식 사진 속에 들어 있는 형을 보고 영문을 몰라 늘 고개를 갸웃거렸습니다. 양가 부모님들은 그저 이렇게 내놓고 밝은 햇빛 속을 걸어다니며 살 수 있게 되었다는 것만으로도 기뻤습니다.

홍성우 변호사가 주례를 섰는데, 신랑 신부는 물론이고 축하해 주러 온 손님들까지도 기쁨에 들떠 주례사는 건성으로 들었습니다. 주례사에 이어 동생 중래와 여러 사람들이 번갈아 부르는 축가 속에 결혼식은 절정에 이르렀습니다.

축가가 끝나고 신랑 신부는 기쁨에 넘쳐 서로의 손을 꼭 잡았습니다. 하늘은 맑고 바람도 불지 않는 좋은 날이었습니다.

이제 조영래와 이옥경 부부는 때늦은 결혼식과 함께 1980년대를 시작하게 됩니다.

변호사가 되다

결혼식을 치른 뒤 조영래는 사법 연수원에 다시 들어갔습니다. 거의 10년 만에 그 자리로 다시 돌아가게 된 것입니다.

10년이면 강산도 변한다는데, 세월은 흘렀지만 근본적으로 세상이 변한 건 없었습니다.

박정희가 죽음으로써 유신 정권이 무너지자 사람들은 금방이라도 민주주의 세상이 될 것처럼 희망에 부풀어 있었습니다.

그러나 "이리를 피하니까 호랑이가 나온다."는 옛말이 꼭 들어맞고 말았습니다. 18년 동안의 지긋지긋한 군사 독재 정권이 무너져서 좋아한 것도 잠깐이었습니다. 이번엔 광주 시민을 군홧발로 짓밟고 총칼을 휘두르며 전두환 군사 정권이 뒤를 이어 들어섰습니다.

정말 어이없는 일이었습니다. 군인들은 신성한 국방의 의무를 다하기보다는 힘으로 권력을 잡는 일에 더 열중했고, 국민 전체를 위한 정치보다는 자기네들 몇몇 사람의 자리를 유지하고 잇속을 챙기느라 바빴습니다. 그 과정에서 언제나 그렇듯이 힘없는 국민만 희생당했습니다. 박정희가 뿌려 놓은 잘못된 전통은 그런 식으로 계속되고 있었습니다.

사회는 온통 숨막히는 분위기 그 자체였습니다. 하지만 조영래는 일단 다시 들어간 사법 연수원 과정을 성실하게 마치려고 했습니다.

그 사이에 둘째 아들 무현이가 태어났습니다. 첫아이 일평이가 태어났을 땐 도망을 다니는 처지여서 여러 모로 아이한테 미안한 게 많았습니다. 심지어는 출생 신고도 제때에 하지 못했습니다. 조영래와 이옥경은 어려웠던 때를 생각하며 무현이는 물론 일평이에게도 더욱 신경을 썼습니다.

조영래는 바쁜 가운데에도 틈틈이 짬을 내어 아이들과 같이 뒹굴며 아이들 나이에 맞춰 놀아 주려고 애를 썼습니다.

'아이들을 어른 기준에 맞춰서 키우면 안 돼. 어른이 아이들 수준에 맞춰 줘야지!'

이러한 생각을 가지고 있던 조영래는 아이들과 서로 별명을 지어 부르기도 하면서 친구처럼 지냈습니다.

깽무시 무현이에게

하와이 섬에 지금도 불길이 치솟아 나오는 화산이 있는데, 이것이 바로 그 화산을 사진으로 찍은 거란다.

뜨거운 용암이 흘러나오는 게 신기하지?

찡빵슈 아빠가

언젠가 외국에 갔을 때 무현이에게 보낸 엽서입니다. 따뜻하고 자상한 아버지의 모습이 그대로 나타나 있지요.

조영래는 어린아이를 대할 땐 아이의 마음이 되고, 나이 든 노인을 대할 땐 노인의 마음이 될 만큼 마음이 열려 있는 사람이었습니다. 그래서 조영래를 아는 사람들은 누구나 다 그를 좋아했답니다.

조영래는 아이들에게도 틈만 나면 이렇게 말했습니다.

"적어도 남의 마음을 아프게 하는 사람이 되어선 안 된단다. 항상 웃으며 먼저 남의 처지에서 생각해 보는 사람이 되도록 노력하렴."

한편 사법 연수원에는 이론 교육 과정이 어느 정도 끝나고 나면 실제로 법률 실무에 관한 일을 맡아서 해 보는 과정이 있습니다.

연수 과정의 하나로 검사 업무를 맡아서 할 때였습니다. 조영래는 검사 업무를 하면서 많은 것을 생각하게 되었습니다. 실제로 검찰청에 잡혀온 사람들을 보면 먹고살기 위해 발버둥치다 죄를 저지른 사람이 많았습니다. 조영래는 될 수 있으면 그런 사람들은 법이 허용하는 범위 안에서 풀어 주는 방향으로 처리했습니다.

문제는 그것이 근본적인 해결 방법은 아니라는 것이었습니다. 돈과 권력이 있는 사람은 대부분 법망을 피해 갈 수 있는 반면, 먹고살기 바쁜 가난한 사람들은 훨씬 더 법에 잘 걸리는 것이 현실이었습니다.

또 하나는 범죄 자체가 습관이 되어 버려서 죄의식이나 삶에 대한 의욕도 전혀 없는 사람들이 있다는 사실이었습니다. 그런 사람들은 처벌을 한다고 해서 달라지는 게 아니었습니다. 심지어는 어제 풀어 주었더니 오늘 다시 붙잡혀 오는 사람도 있었습니다.

따지고 보면 범죄에 대한 책임은 사회 전체가 져야 하는 것이 옳았습니다. 하지만 사회는 범죄자를 감옥이라는 곳에 가두는 정도의 대책밖에 세워 놓지 못했습니다. 그리하여 범죄는 계속 또다른 범죄를 낳아, 감옥은 언제나 만원 상태일 수밖에 없었습니다.

조영래는 사법 연수원을 마치고 나면 변호사가 되기로 마음먹었습니다. 얽매이고 갇히고 억눌린 사람들의 마음을 풀어 주는 사람이 되고 싶었던 것입니다.

조영래는 어려서부터 크고 거창한 일보다는 작고 하잘것없어 보이는 일에 애정을 많이 가지고 있었습니다. 누구나 크고 거창한 일에 더 관심을 두고 작고 하잘것없어 보이는 일은 소홀히 하기 쉽습니다. 그렇지만 진정한 삶의 숨결은 오히려 소박한 것들에서 느껴집니다. 그래서 조영래는 나중에 변호사가 되었을 때도 그늘지고 가난한 사람들이 당한 억울한 일을 많이 맡아 변론(변호인이 법정에서 일의 옳고 그름을 따져 가며 하는 말)을 하게 됩니다.

드디어 조영래는 사법 연수원의 수료증을 받고 변호사 자격증을 얻었습니다. 변호사 자격증을 얻었다는 것은 그의 삶에 새로운 신호이기도 했습니다. 그의 삶이 한 단계 더 높은 역사적인 삶으로 옮겨 가는 신호였습니다.

물론 그 이전에도 자신을 돌보지 않고 이웃과 사회 전체의 삶이 나아지기를 바라며 젊음을 바쳤던 것이 사실입니다. 그러나 이제부터는 더욱 구체적이고 실제적인 역사 의식으로 뭉쳐진 삶을 살게 되었다는 것을 뜻합니다.

조영래는 지나온 서른다섯 해의 삶을 돌아보며 '가쁜 숨결로 끝간 데 없이 달려온' 자신에게 '잔혹한 겨울을 뿌리치라고 나직이 속삭이는' 내용이 들어 있는 시 한 편을 썼습니다. 앞으로의 삶의 자세를 가다듬기 위한 시였습니다.

이제는 정말 새로운 모습으로 이웃들 곁으로 다가가 이웃의 아픔을 자기 것으로 하여 같이 아파하고 개개인의 하찮고 여린 삶이 모여 역사적인 삶이 될 수 있도록 도와주고 다독거려 주는 변호사로 살겠다는 다짐을 새롭게 했습니다.

아름다운 세상을 꿈꾸는 조영래는 한편으로는 학생들을 가르치는 선생님이 되고 싶기도 했습니다. 젊은이들을 가르치면서 그들과 함께 소박하게 지낼 수 있기를 바라는 마음에서였습니다.

조영래는 원래부터 순수하고 꾸밈없는 소박한 사람들을 좋아했습니다. 이미 굳어진 자기 방식대로만 행동하는 어른들보다는 아직 때묻지 않은 젊은이들 속에서 그들과 함께 공부하고 뒹굴기도 하면서 아름다운 세상을 가꾸면 좋겠다는 생각을 늘 하곤 했습니다.

그래서 많은 친구들 중에서도 고등학생 때나 어른이 되어서나 언제나 맑은 심성 그대로인 신동수라는 친구를 특히 좋아했습니다. 신동수는 언제나 말이 없는 친구였습니다. 그 친구는 보일 듯 말 듯 웃고 나면 더 이상 말을 하지 않았습니다. 그래도 조영래는 그 친구가 좋았습니다. 아무런 욕심이 없는 사람이었기 때문입니다.

조영래는 가까운 사람들에게 늘 이렇게 얘기했습니다.

"동수랑 같이 있으면 밤새 말 한마디 안 하고 그냥 앉아 있기만 해도 아주 편안해."

그런 조영래가 맑은 눈동자를 가진 젊은이들의 선생님이 되고 싶어한 것은 어찌 보면 당연한 일이었습니다.

그러나 세상은 조영래의 소박한 바람이 이루어지도록 내버려 두지 않았습니다. 세상은 언제나 조영래를 역사의 한가운데로 불러 냈습니다.

사물이나 일의 본질을 정확히 꿰뚫어보는 능력과 깊은 사색, 폭넓은 지혜와 따뜻한 가슴, 그리고 때로는 불 같은 열정을 바탕으로 한 판단력과 행동력이 그를 젊은이들만의 교사로 머물러 있게 하지 않았습니다. 가장 격렬하고 가장 욕되기도 했던 그 시대는 그로 하여금 젊은이들의 교사가 아닌 바로 시대의 중요한 교사가 되게 한 것입니다.

조영래는 육법 전서(여섯 가지의 기본이 되는 법률과 그것에 딸린 법규 등을 모아 엮은 책)보다 인간과 이웃에 대한 애정을 더 소중히 여기고 가까이하는 변호사였습니다. 그리하여 변호사 조영래로서 그가 가고 싶어한 곳은 사람을 사람으로 대접하고 사람이 사람으로 대접받는 아름다운 세상, 바로 그곳이었습니다.

시민 공익 법률 상담소

'시민 공익 법률 상담소.'

조영래가 노동 문제 연구가 박석운, 후배 변호사 윤종현 등과 함께 차린 변호사 사무실의 이름입니다. 조영래는 돈 없고 억울한 사람들이 변호사 사무실을 쉽게 이용할 수 있도록 하려고 이런 간판을 내걸었습니다.

조영래가 '시민 공익 법률 상담소'에서 그야말로 '시민 공익'과 관련하여 가장 먼저 맡았던 사건은 '망원동 수재 사건'이었습니다. 정치적인 사건은 아니지만 시민의 실생활과 직접 관련된 것이어서 매우 중요한 사건이었습니다.

'망원동 수재 사건'은 1984년 9월 1일부터 4일에 있었던 일입니다. 그때 서울을 비롯한 중부 지방에 쏟아진 폭우로 망원동 일대가 물에 잠기게 되었습니다.

망원동 지역은 서울시의 다른 곳보다 지대가 낮기 때문에 홍수가 나면 물에 잠기는 일이 잦았던 곳입니다. 그래서 서울시는 홍수가 나면 물을 한동안 가두어 둠으로써 물의 양을 조절하는 저수지의 일종인 유수지를 만들어 그곳을 관리하고 있었습니다. 비가 많이 오면 수문 상자에 달린 문을 닫은 뒤 펌프를 이용해 유수지의 물을 한강으로 퍼내는 방식으로 홍수에 대비해 왔습니다.

그런데 그 해에 비가 많이 오자, 망원 유수지의 수문 상자가 부서져 망원동 지역이 물에 잠겨 버린 것입니다. 강물은 점점 더 많은 지역으로 넘쳐 들어왔습니다. 그런데도 서울시에서는 8시간이 지나도록 아무런 조처도 내리지 않고 내버려 두었습니다.

강물은 처음에는 마당을 덮치더니 방까지 들어왔고, 나중에는 천장까지 삼켜 버렸습니다. 어떤 집은 2층까지 물에 잠겼습니다. 그런 상황인데도 서울시에서는 겨우 대피하라는 경고만을 했을 뿐이었습니다.

"모두들 집을 떠나 대피하십시오! 집에 있으면 위험합니다!"

발을 동동 구르며 물이 집 안으로 들어오는 것을 지켜보던 주민들은 살림살이를 챙길 겨를도 없이 겨우 몸만 피했습니다. 조금 전까지만 해도 자기들이 살던 집이 물에 잠기자 사람들은 어이가 없었습니다.

가재도구들이 물에 둥둥 떠다녔습니다. 어떤 사람들은 아예 고무 보트를 타고 다니기도 했습니다.

"아이고, 내 집! 내 살림살이!"

순식간에 갈 곳을 잃은 주민들은 친척집이나 대피소가 설치된 학교와 교회에서 생활해야 했습니다.

그때 피해를 본 집은 모두 1만 7900여 가구이며, 피해 주민은 8만여 명에 이르렀습니다.

"엄마, 어떡해? 나 어떻게 학교에 가? 내 책이랑 내 옷이랑 어떡해?"

모두들 몸만 빠져나온 터라 책과 옷가지는 미처 챙기지 못했습니다. 아이들은 발을 동동 구르고 징징거리며 울었습니다. 어른들도 넋을 잃은 채 어떻게 해야 할지를 몰랐습니다.

비가 그치고 물이 빠지자 주민들은 난장판이 되어 버린 집으로 돌아갔습니다. 많은 살림살이가 물에 떠내려가 버렸고, 그나마 남아 있는 장롱 따위는 물에 퉁퉁 불어 쓸 수가 없었습니다. 물론 가전 제품 같은 것도 쓸 수 없게 되었습니다.

정신이 조금 들자 주민들은 어째서 이런 일이 일어나게 됐는지 알아보기 시작했습니다. 주민들은 이번 물난리의 원인은 평소 서울시가 수문을 제대로 관리하지 못했기 때문이라는 결론을 내렸습니다.

하지만 서울시는 수문 상자를 제대로 설치하지 않은데다 평소 관리조차 소홀히 했다는 사실을 인정하지 않고 발뺌을 하느라 바빴습니다.

"서울시는 우리들의 피해를 보상하라! 수문이 부서지다니 말이 되느냐? 도대체 어떻게 만들었기에 그런 일이 일어난단 말인가!"

수해를 입은 주민들은 가까운 곳에 있는 마포 구청으로 몰려가 거세게 항의했습니다. 공사를 얼마나 엉터리로 했으면 수문이 부서졌겠느냐고 따졌습니다. 그러나 이 역시 관청의 시원한 대답을 듣지 못했습니다.

"우리 시 당국의 잘못이 아닙니다. 너무 큰 홍수가 나서 그렇게 됐으니 어쩔 수 없지 않습니까?"

서울시는 천재지변에 의한 어쩔 수 없는 재난이라며 발뺌만 했습니다. 망원동 주민들은 관청을 상대로 싸워 봐야 별 효과가 없겠다는 생각에 거의 포기하고 싶은 심정이 되었습니다. 심지어 변호사들조차도 그 많은 집들을 엮어서 재판을 하기는 힘들 것이라고 생각하고 있었습니다. 그 변호사들은 이렇게 말했습니다.

"차라리 서울 시청 앞으로 가서 구호를 외치며 시위하는 게 더 빠른 해결 방법일 겁니다. 그렇게 해서 여론에 호소하면 배상금을 오히려 더 빨리 받아 낼 수 있을 테니까요."

그러나 조영래의 생각은 달랐습니다.

"시위를 해서 여론을 등에 업는 방법은 한 번은 통할 것입니다. 하지만 법적으로 인정되는 것이 아닙니다. 그렇기 때문에 똑같은 상황이 다시 발생해도 피해 배상을 받기는 어려워지는 거지요. 그러니 정식으로 재판을 청구해서 적당한 절차를 거쳐 배상금을 받아 내야만 합니다. 그래야만 우리 국민들이 자신의 권리를 정당하게 주장하는 것이 됩니다."

옛날엔 법에 호소해 봐야 이런 다툼에서 시민들이 지는 것은 뻔한 일이었습니다. 왜냐하면 이런 일에는 변호사도 잘 나서지 않았고, 토목 공학자 등 그 방면의 전문가들도 정부의 눈치를 보느라 양심적인 의견을 잘 드러내지 않았기 때문입니다. 그런 이유 때문에 한 개인이 공룡처럼 거대한 정부를 상대로 싸운다는 것은 거의 불가능한 일이었습니다.

그래서 무슨 일이 생기면 시민들은 관청으로 몰려가 과격한 시위를 벌이게 됩니다. 그러면 관청에선 기다렸다는 듯이 정부의 업무를 함부로 방해하면 공무 집행 방해죄로 처벌한다면서 오히려 시민들을 윽박지르고 경찰을 불러 시민들을 강제로 잡아가게 합니다. 그러다가도 선거 때만 되면 시민들에게 불편한 것이 뭐냐는 등 대단한 인심이라도 쓰는 듯이 몇 가지 문제는 해결해 주기도 합니다.

여태껏 이렇게 해 왔으니 재판도 못 하고 시위도 못 하고 울며 겨자 먹기로 모든 것을 포기하고 손해를 보는 건 바로 국민들이었습니다.

"어이구, 억울해도 할 수 없지. 달걀로 바위 치기니 내가 포기할 수밖에……."

망원동 수재 사건 때에도 처음에는 관청으로 쫓아간 시민들이 많았습니다. 그러나 요구 사항이 받아들여지지 않자 하나 둘 포기하고 말았습니다. 더구나 재판 같은 건 꿈에도 생각하지 못한 일이었습니다.

처음에는 정당한 재판을 통해 배상을 받아야 한다는 조영래의 생각을 따르는 집은 얼마 되지 않았습니다. 실제로 정식 재판을 청구한 집이 다섯 집뿐이라는 것을 보아도 주민들의 심정을 헤아릴 수 있습니다. 그러나 이 사건은 나중에 대한 민국 역사상 처음 있었던 대규모 집단 소송으로 발전합니다

재판을 처음 청구한 때를 기준으로 하면, 재판이 시작되어 완전히 끝날 때까지 무려 5년 10개월이라는 오랜 세월이 걸렸습니다. 그런데도 피고가 되는 서울시에서는 수재민들이 입은 재산 피해와 정신적 피해에 대해 사과하고 갚아주기는커녕, 도리어 잘못한 것이 하나도 없다며 아무런 책임도 지지 않으려고 했습니다.

서울시는 사건을 맡은 조영래라는 변호사를 가볍게 보았습니다. 변호사라고 해 봤자 자기 전문 분야가 아닌 것을 어떻게 알

1984년 9월 1일에서 4일 사이에 내린 폭우로 망원동 일대 1만 7900여 가구가 피해를 입었습니다. 9월 6일, 망원동 주민들은 대규모로 모여 국가의 보상을 외치며 농성을 벌였습니다.

조영래는 변호사로서 제일 먼저 망원동 수재민들의 집단 소송을 맡아 5년이 넘는 끈질긴 법정 공방 끝에 서울시의 잘못을 밝히고 승리를 이끌어 냈습니다.

겠느냐는 생각에서 서울시는 자기 편의 전문가들을 모아 빠져 나갈 궁리를 하느라고 바빴습니다. 아주 어려운 학문적 이론과 수치들을 들먹이면서, 관리상의 잘못이 아니라 어쩔 수 없는 천재지변이라고 둘러댔습니다.

"우리는 최선을 다해 수문을 설치하고 관리했습니다. 하지만 워낙 비가 많이 와서 수문이 부서진 겁니다."

주민들을 대신하여 사건을 맡은 조영래는 서울시 전문가들의 이러한 핑계를 그냥 보아 넘길 수 없었습니다. 국민의 세금을 거둬들여 국가의 재산을 관리하는 정부가, 또 시민의 재산과 생명을 지켜 주어야 할 정부가 자꾸만 책임을 피하려는 것에 몹시 화가 났습니다. 이런 사건을 그대로 두고 넘어가면 언제 또 똑같은 물난리를 당할지 알 수 없는 일이었습니다.

게다가 서울시는 증거를 없애기 위해 포클레인 등을 몰고 가서 사고 현장에 부서진 채 흩어져 있는 수문 조각들을 없애려고 했습니다. 이를 본 주민들은 이 사실을 조영래에게 알렸습니다.

조영래는 전문 사진 작가들을 데리고 망원 유수지와 수문 상자 등 사고 현장을 사진과 비디오 카메라로 꼼꼼하게 찍었습니다. 나중에 증거로 쓰기 위해서였습니다. 그뿐 아니라 증거가 확보될 때까지 증거를 없애지 못하도록 법원에 신청하기도 했습니다. 부서져 강물에 잠겨 있는 수문을 끌어 낼 때도 전문가를 보내 증거를 확보하려고 애썼습니다.

조영래는 토목 공학을 비롯하여 수리 역학과 콘크리트에 관한 전문 서적 등을 책상 가득히 쌓아 놓고 완전히 이해가 될 때까지 읽고 또 읽었습니다. 조금이라도 궁금한 점이 있으면 그 분야의 학자와 기술자들을 찾아가 완전히 알 때까지 물어 봤습니다.

그 결과 수문은 설계에도 결함이 있다는 것을 알아 냈습니다. 수문 자체의 안전도가 정해진 기준에 미치지 못했고, 홍수가 나기 전에 이미 수문에 금이 가 있었다는 사실도 밝혀 냈습니다. 또한 비가 많이 내리기 시작한 지 얼마 안 되어 수문 밑으로 흙탕물이 솟구쳐 올랐다는 사실도 알게 되었습니다. 그때라도 모래 주머니 따위를 이용해서 금이 간 이음매를 막았더라면 홍수를 막을 수 있었을 것이라는 사실도 밝혀 냈습니다. 결국 수문은 설계와 관리 모든 면에서 결함이 있었던 것입니다.

"재판장님, 지금까지 밝힌 이러한 증거와 사실로 미루어 볼 때 망원동의 수재는 서울시의 불성실한 관리 때문에 일어났지 홍수 때문에 일어난 게 아닙니다."

그러나 서울시는 서울시 편을 드는 전문가의 감정 의뢰서를 덧붙여 끝까지 조영래에게 맞섰습니다. 그뿐만이 아니었습니다. 서울시는 증거를 없애기 위해 수문 상자의 이음매 부분을 땜질하여 덮어 버리기까지 했습니다. 서울시는 그저 끝까지 둘러대느라 바빴습니다.

"안전도와 설계 측면에서 볼 때 수문은 완전했습니다. 하지만 인간이 맞설 수 없는 천재지변이 일어날 때는 어쩔 수가 없습니다."

그 말에 조영래가 대꾸했습니다.

"그렇다면 완전하다는 말은 어떤 뜻인가요? 완전하다면 어떤 홍수라도 막을 수 있어야 하는 것 아닙니까?"

"그건 정해진 크기의 홍수에서만 완전하다는 뜻입니다."

"어떻게 그런 무책임한 말을 할 수 있습니까? 홍수 방지 시설은 과거 200년간의 경험을 바탕으로 설계되어야 합니다. 과거의 최대 홍수 수위에 맞추어 설계하고 만들어야 하는 것이지요. 완전하다는 것은 바로 그런 과거의 경험에 비추어 볼 때 완전하다는 뜻입니다. 또한 이번 홍수는 지금까지 있었던 홍수 가운데 가장 큰 규모도 아니었습니다. 그렇다면 이번 홍수를 막지 못한 것은 홍수 방지 시설이 완전한 것과는 거리가 멀다는 뜻이 됩니다. 다시 말해서 설계와 관리를 잘못 했기 때문에 일어난 물난리라는 말입니다."

법정에서 조영래는 서울시가 내세운 토목 관계 학자들과 서울시 쪽 변호사들의 주장에 대해 훨씬 더 합리적이고 명쾌한 반론을 펼쳤습니다.

서울시 관계자들은 조영래의 토목 지식에 당황했고, 합리적인 근거를 대는 조영래의 변론 앞에 마침내 완전히 항복할 수밖에 없었습니다. 그런데도 서울시에서 내세운 변호사들은 전과 똑같은 변명이나 되풀이하면서 시간을 끌려고 했습니다.

하지만 이미 나타난 증거들과 치밀한 반론에 따라 조영래 변호사의 주장이 이치에 맞는 것으로 밝혀져 재판부는 주민들의 승리로 판결을 내렸습니다.

"망원동 수재 사건, 원고 승소!"

이 사건의 승리는 국민의 세금으로 나라 살림을 하는 정부가 무책임한 행정을 펴는 것에 대한 따끔한 경고가 되었습니다.

국가는 국민을 위해 존재하는 것이므로 국가가 국민에게 피해를 입혔을 때는 반드시 그 책임과 잘못을 가려야 합니다. 국가가 거대하다고 해서 힘없는 국민들이 자신의 권리를 포기한다면 계속해서 피해를 입을 수도 있습니다.

이 재판은 비록 힘이 약할지라도 옳지 않은 일에는 정당하게 대항으로써 정부로 하여금 국민의 재산과 생명을 안전하게 지키는 일에 좀더 많은 노력을 하도록 했다는 점에서 큰 의미가 있었습니다.

국가에서 주민들에게 준 보상금도 중요하지만, 주민들이 스스로 자신들의 권리 의식에 눈떠야만 정부도 국민의 심부름꾼으로서 더 올바른 행정을 펴게 됩니다.

그 동안 '인권 변호사' 하면 주로 정치적인 시국 사건만을 맡아 변론하는 것으로 알려져 있었습니다. 그러나 망원동 수재 사건을 통해서 조영래 변호사는 인권 변호 활동의 영역을 시민의 권리 확보라는 더욱 넓은 데까지 넓혔습니다.

조영래가 처음에 맡았던 집이 재판에서 이기자, 소송을 내지 않았던 나머지 집들도 가만히 있지 않았습니다. 물론 그 사건은 조영래말고도 다른 변호사들이 나누어 맡았습니다. 그러나 나머지 재판은 앞선 재판의 결과에 따라 결정되는 것이었기 때문에 조영래 변호사의 역할이 가장 중요했습니다.

나중에는 5000여 가구가 서울 지구 국가 배상 심의회에 보상 신청을 했고, 정식으로 민사 소송을 제기한 가구만도 2300여 가구에 이르렀습니다. 이렇게 해서 망원동 수재 사건은 앞서 말한 것처럼 대한 민국 역사상 처음 있었던 대규모 집단 소송으로 기록되었습니다.

법률 전문가들은 망원동 수재 사건은 예전에 주로 수동적이고 방어적인 변론만을 해 왔던 변호사들에게 새로운 계기를 만들어 주었다면서 이렇게 평가했습니다.

"조영래 변호사는 법률 구조 활동을 적극적이고 창조적인 것으로까지 넓혀 주는 데 물꼬를 터 준 셈입니다."

조영래는 감옥에 가고 도피 생활을 하기 전부터 소비자 운동이라든가 환경 문제에 관심이 많았습니다. 조영래는 새로운 시대의 인권 변호는 소비자 문제, 공해 문제, 여성 문제, 장애인 문제 등 삶의 현장에서 곧잘 부딪히는 구체적이고 실질적인 문제로까지 범위를 넓혀 가야 한다고 생각했기 때문에, 정부를 상대로 망원동 수재 사건을 맡아 변론을 했던 것입니다.

아무튼 망원동 수재 사건은 '시민 공익 법률 상담소'가 정말 온갖 힘과 정성을 기울인 사건이었습니다.

재판이 끝난 뒤 조영래는 이렇게 고백했습니다.

"사실 그 사건은 몹시 힘들었습니다. 우선 그 방면에 대한 전문 지식이 필요했습니다. 그런데다 필요한 자료들은 서울시 측에서 훨씬 더 많이 갖고 있었습니다. 우리로서는 무인도에서 거친 파도를 향해 외치는 기분이 들 때가 무척 많았습니다. 그래서 재판 날짜가 다가오면 꼭 시험 날짜를 기다리는 학생 같은 심정이 되곤 했지요. 하지만 포기할 수는 없었습니다. 시민이 스스로의 권리를 포기하면 똑같은 사고가 몇 번씩 되풀이되어 일어날 가능성이 많기 때문입니다.

이런 일을 통해서 시민들은 스스로의 권리 의식을 키우고, 또 키워 나갈 수 있다는 자신감과 확신을 가져야 합니다. 그래야만 행정을 맡고 있는 국민의 심부름꾼인 공무원들도 자기 책임을 가벼이 할 수 없을 테니까요."

풀어 내야 할 사건, 사건들

'망원동 수재 사건'을 맡아 바쁜 가운데에서도 조영래는 '대우 어패럴 사건' 같은 노동 문제도 소홀히 하지 않았습니다. 어찌 보면 역대 정권들의 가장 많은 탄압을 받고 설움을 받은 계층은 노동자일 겁니다.

독재 정권들은 걸핏하면 노동자를 구속하고 직장에서 쫓아 내기를 밥 먹듯 했습니다. 그래서 노동자들은 나쁜 작업 환경 속에서 언제 사고를 당할지 모르는 위험을 안고도 끽소리 한 번 못 하고 하루하루를 노예처럼 살아가야 했습니다.

그렇지만 노동자 전태일의 분신 자살 사건이 있은 뒤로 노동자들의 의식도 많이 달라졌습니다. 노동자의 권리는 노동자 자신의 힘으로 찾아야 한다고 스스로 깨닫게 된 것입니다. 그래서 차츰 노동자들은 정부와 회사의 억압에 저항하는 힘을 키우게 되었습니다.

"우리도 사람이다, 생존권을 보장하라!"

걸핏하면 사회를 불안하게 한다면서 노동자의 모임은 무조건 막는 등 탄압은 계속되었지만, 1980년대 들어 노동자의 의식은 점점 성숙해져 전국 곳곳에서 노동자들의 목소리가 높아져 갔습니다.

노동자들의 목소리가 높아질수록 직장에서 쫓겨나는 노동자도 많아졌습니다. 그에 따라 조영래를 비롯한 젊은 변호사들은 억울하게 일자리를 잃은 노동자들의 권익을 위해 애쓰게 되었습니다.

물론 대부분의 노동 사건이나 산업 재해 사건은 변호사 비용을 받기는커녕 오히려 소송 비용까지 대 가며 변론해야 할 형편이었습니다. 그러다 보니 변호사 사무실 운영비마저 걱정해야 할 때도 많았습니다.

그런 형편이었기 때문에 조영래는 항상 사무실 직원들을 고맙게 생각하고 있었습니다. 직원들은 고맙게도 조영래의 뜻을 잘 알고 따라 주었습니다. 그들은 어려움이 있으면 함께 견디고 머리를 맞대고 해결하기 위해 노력을 아끼지 않았습니다.

물론 직원들이 모든 일을 자기 일처럼 여기고 조영래를 잘 따라 준 데에는 다 그만한 이유가 있었습니다. 조영래가 사무실에서부터 자신의 생각을 그대로 실천하는 사람이었기 때문입니다.

조영래는 사무실에서만이라도 평등하고 화목한 분위기를 만들기 위해 모든 직원들에게 언제나 따뜻한 관심을 기울여 주었습니다. 같은 사무실에 근무하는 여자 변호사가 아기를 낳았을 때는 그때로서는 거의 파격적이라 할 수 있는 1년이라는 기간을 산후 휴가로 주는 등 직원들의 출산 문제에까지 자상하게 신경을 썼습니다.

조영래는 노동 문제와 산업 재해 문제뿐만 아니라 여성 문제, 소비자 문제, 사회 문제, 복지 문제, 환경 문제, 빈민 문제, 시국 문제 등 억눌리고 갇히고 얽매인 것이 있으면 무엇이든지 풀어 내고자 하는 노력을 아끼지 않았습니다. 그만큼 우리 사회는 풀어야 할 문제점을 많이 안고 있기도 했습니다.

조영래는 자신이 판단하기에 악습을 고쳐야 할 필요가 있다고 생각하는 사건에 대해서는 자청해서 무료로 변론을 맡기도 했습니다. 그렇게 해서 잘못된 물줄기를 제대로 돌려 놓거나 썩어 문드러진 곳을 시원하게 해결하고 나면 사무실 직원들과 함께 기분 좋게 저녁 식사를 하곤 했습니다.

그런 날이면 조영래는 큰 목소리로 노래를 불렀습니다. 조영래에게 노래는 낙서와 더불어 빼놓을 수 없는 취미 가운데 하나였습니다. 어려서부터 형제들이 모여 앉아 노래를 부르던 습관

이 어른이 되어서도 남아 있었던 것입니다.

장군이나 노인을 그리던 어릴 적 낙서 습관도 계속 이어졌습니다. 조영래는 사무실에서 머리가 어지럽거나 복잡한 일이 생길 때면 낙서를 하면서 머리를 식히곤 했습니다.

그러던 중 1985년 조영래는 '여성 조기 정년제'에 관한 사건을 맡게 됩니다. 이 사건을 한국 여성 전체의 문제라고 생각한 조영래는, 1심에서 진 사건을 2심 때부터 스스로 나서서 무료로 변론을 맡았습니다.

사건은 어떤 회사에서 무역 업무를 담당하던 이경숙이라는 미혼 여성이 교통사고를 당하는 데서 시작되었습니다. 이경숙은 더 이상 회사에 다닐 수 없게 되어 사고를 낸 사람에게 손해 배상을 청구했습니다.

이경숙은 손해 배상 금액을 청구하면서 보통 사람이 직장을 그만두게 되는 나이인 55세를 기준으로 계산했습니다. 그러니까 사고를 당한 날부터 55세가 되는 날까지 회사를 다닐 때 벌 수 있는 금액을 청구한 것입니다.

하지만 법원의 1심 판결에서는 이경숙의 청구를 받아들이지 않았습니다.

"여자는 25세까지만 직장에 다니는 것으로 보아 판결한다."

그러니까 여성의 정년을 25세로 보고 판결을 내린 것입니다. 여성은 26세가 되면 결혼하는 것이 보통이라면서, 결혼을 하면

퇴직해야 하기 때문에 25세까지만 회사에 다니는 것으로 계산해서 손해 배상 금액을 결정했던 것입니다. 그리고 그 뒤에는 주부가 되어 수입이 없기 때문에 수입이 가장 낮은 도시 막노동자의 임금으로 수입을 정한다는 판결이었습니다.

'이건 말도 안 돼. 어느 나라에도 없는 비정상적인 판결이야.'

신문에서 그 사건의 1심 판결에 대한 기사를 읽은 조영래는 그 판결이 여성들의 권익과 관련해서 앞으로 미칠 영향을 생각해 보았습니다. 아무래도 이 사건을 그냥 넘겨서는 안 될 것 같았습니다.

'이건 이경숙 개인만의 사건이 아니라 한국 여성 전체의 권익과 관계되는 문제야.'

결혼을 하면 직장을 그만두어야 한다는 것은 어느 법조문에도 없는 말입니다. 그런데도 법원은 법에도 없는 근거를 내며 판결을 내린 것입니다.

여성계에서도 그 판결에 반발하고 나섰습니다. 그래서 조영래는 그 사건의 1심 판결 이후 여성 단체들과 협조하여 다시 재판을 청구하게 됩니다. 여성 단체에서는 여론 조사 결과를 자료로 제공하고 여론을 모아 주었습니다.

"재판장님, 이상의 자료들과 여론은 여성이 결혼과 동시에 퇴직을 해야 한다는 의견에 반대한다는 것을 보여 주고 있습니다. 재판장님의 지혜로운 판결을 기대합니다."

열심히 발로 뛰어 자료를 구하고, 그 자료를 바탕으로 설득한 끝에 조영래는 승리를 얻어 냈습니다. 그 승리는 과정과 결과 모두가 아주 큰 의미를 지닌 것이었습니다. 헌법에서 말하는 남녀 평등을 현실적으로 받아들여야 한다는 신호탄 구실을 했기 때문입니다.

노동 문제에도 관심이 많았던 조영래는 '대우 어패럴 사건'을 맡아 변론을 하기도 했습니다.

그 무렵 오랫동안 독재 정권의 탄압을 받아 오던 노동자들은 조직적으로 손을 잡고 정부를 상대로 싸움을 벌였습니다. 그러다가 서울 구로 공단에 있는 대우 어패럴의 노동 조합 간부들이 구속되었습니다. 노동자들이 사회를 시끄럽게 한다며 검찰이 구속한 것입니다.

그러자 노조원들은 파업 투쟁(노동자들이 노동 조건의 유지와 개선을 위하여, 또는 정치적인 목적을 이루고자 집단으로 작업을 중지하는 일)에 들어갔으며, 구로 공단 안에 있는 다른 사업장의 노동자들도 같이 파업을 하기에 이르렀습니다.

"노조 간부를 석방하라! 부당한 구속은 인정할 수 없다!"

그러나 경찰은 노동자들을 폭력으로 해산시켰습니다. 그 과정에서 공장과 회사의 몇몇 기물이 파손되었습니다. 그러자 경찰은 모든 잘못을 노조원들에게 덮어씌워 수많은 노조원을 구속했습니다.

"우리 노조원들은 최소한의 생활이라도 할 수 있기를 바랍니다. 우리는 우리의 의견을 표현하기 위해 파업 투쟁을 했을 뿐입니다. 그리고 사람이 다치거나 기물이 파괴된 것은 경찰이 노동 쟁의(노동 조건 따위에 대해 노동자와 사용자가 서로 자기의 의견을 주장하고 다투는 일)를 막으려고 들어오는 과정에서 어쩔 수 없이 생긴 일입니다. 고의적인 폭행이나 기물 파괴는 없었습니다. 우리는 아무 죄가 없습니다."

조영래는 헌법상 노동 쟁의는 자유라는 점, 기물 파괴와 상해는 오히려 경찰 쪽의 잘못이 더 크다는 것을 주장했습니다. 그리고 쟁의 과정에서 일어난 약간의 기물 파괴와 상해는 처벌 가치가 없다는 주장도 했습니다. 조영래는 이 사건에서 노조원들의 행위는 노동자들의 권리와 자유를 위한 최소한의 행동이므로 무죄라고 주장했습니다.

이처럼 조영래는 어떠한 사건이건 반드시 그 사건이 일어날 수밖에 없는 상황에 대한 논리적인 이유를 들고 그에 따른 법률적인 대응 방법을 찾았습니다. 말하자면 먼저 사건 전체에 대한 종합적인 이해를 바탕으로 거기에 맞는 법률적인 논리에 따라 차근차근 변론을 펼친 것입니다. 그리하여 조영래의 변론은 언제나 문제의 핵심을 정확히 꿰뚫는 것으로 평이 났습니다.

가슴 가득한 기쁨과 희망으로

1986년, 우리 사회가 정말 문명 사회인가를 의심해야 하는 사건이 터졌습니다.

'부천서 성고문 사건.'

이 사건은 학생 운동에 관련되어 치안 본부에 끌려가 조사를 받다가 물고문을 받고 숨진 서울대생 박종철의 '고문 치사 사건'과 함께, 부도덕한 5공화국 정권의 막을 내리게 한 중요한 계기가 된 사건이기도 합니다.

대학에 다니던 권 아무개라는 여대생이 이 땅의 노동자들이 인간답게 살지 못하는 아픈 현실에 눈을 뜨게 됩니다. 그는 대학생으로서 누릴 수 있는 특권을 스스로 포기하고 노동자가 되어 노동자의 권리를 지키는 일을 하겠다고 마음먹었습니다. 그는 대학생 신분인 자신의 이름으로는 공장에 취직하기가 어려울 것 같아 남의 이름을 빌려 공장에 들어갔습니다.

권 양은 남의 이름으로 취직했다는 사실이 들통날까 봐 며칠 만에 스스로 공장을 그만두었습니다. 하지만 그것 때문에 권 양은 위장 취업을 했다는 명목으로 구속됩니다. 공적인 문서를 마음대로 바꿨다는 '공문서 변조' 따위의 죄를 뒤집어쓰고 부천 경찰서로 잡혀간 것입니다.

그런데 권 양은 이른바 운동권 출신이라는 이유 때문에, 잡혀간 혐의와는 아무 상관도 없는 일로 조사를 받게 됩니다.

"너 말이야, 이번 '5·3 인천 사태'(신민당 개헌 추진 위원회 인천 지부 결성 대회 때 대학생과 노동자, 시민이 경찰과 충돌한 사건) 관련자들을 알고 있지? 그들이 누구인지, 그리고 어디에 있는지 빨리 대, 엉!"

이렇게 추궁받는 과정에서 문명 사회에서는 도저히 있을 수 없는 '성고문'이라는 고문을 당하게 됩니다.

"이거, 이렇게 해선 안 불겠는데, 문 반장이 맡아서 좀 해 봐."

나중에야 안 것이지만, 그 말은 바로 문 반장이라는 형사로 하여금 성고문을 하라는 뜻이었습니다.

이때부터 권 양은 온갖 수모와 협박을 당합니다. 문 반장 외에 곁에 아무도 없을 때도 있었습니다. 때로는 옷이 벗겨진 채

차마 말로는 표현할 수 없는 고문을 당했습니다.

문 반장은 마구 고문한 끝에 억지로 원하는 대답을 듣고 나가면서 이렇게 말했습니다.

"네가 당한 일을 검사 앞에 나가서 얘기해 봤자 아무 소용 없다. 검사나 우리나 다 한통속이다."

그날 이후 권 양은 한동안 아무것도 먹지 못했습니다. 자신이 당한 수치스러운 일이 머리에서 떠나지 않아 먹기만 하면 체했습니다. 밤마다 악몽에 시달리느라 잠도 제대로 못 잤습니다.

'아, 어떻게 나한테 이런 일이……. 차라리 죽고 싶다.'

권 양은 여성으로서 몹시 수치스럽고 모욕적인 일을 당하고 나서 처음에는 몇 번이나 죽어 버리겠다고까지 생각했습니다. 하지만 시간이 지나면서 자기 한 몸을 희생해서라도 이런 끔찍한 일이 다시 일어나지 않도록 끝까지 싸우겠다고 마음먹었습니다.

교도소로 옮겨 온 뒤 이 일이 알려지면서 교도소 안의 양심수(자신이 옳다고 여기는 사상이나 굳은 믿음 때문에 감옥에 갇힌 사람) 70명이 문 반장의 구속을 요구하며 무기한 단식 투쟁에 들어갔고, 권 양도 함께 단식 투쟁에 들어갔습니다. 이때 조영래는 이 사건의 진상을 파헤치기 위해 권 양을 면회했습니다.

조영래는 권 양을 면회한 뒤로 가슴이 미어지는 서글픔을 느꼈습니다.

'인간의 탈을 쓰고 그럴 순 없어…….'

조영래를 만난 뒤로 권 양은 더욱 힘을 얻게 됩니다. 자기 한 몸 희생하더라도 다시는 이 땅에 그런 야만스러운 일이 일어나게 해서는 안 되겠다고 마음을 다부지게 먹게 된 것입니다.

권 양 사건은 광주 시민을 총칼로 짓밟고 권력을 잡은 5공화국의 부도덕성을 단적으로 보여 주는 사건이었습니다. 그러나 언론은 권 양을 차가운 운동권 혁명가로 몰아가고 있었습니다. 운동권인 권 양이 있지도 않은 성고문 사건을 퍼뜨려 혁명의 도구로 쓰려고 했다는 것입니다. 당시의 신문은 정부의 검열과 통제를 받았기 때문에 앵무새처럼 정부가 하라는 대로만 보도하고 있었습니다.

권 양의 명예에 해를 입히는 그런 언론 보도는 상처뿐인 권 양에게 또다른 상처를 주었습니다. 조영래는 이 정권이 너무 뻔뻔스럽다고 생각했습니다. 세상이 아무리 뒤집어졌다고 해도 그런 거짓말까지 할 수는 없었습니다.

마침내 권 양의 진실을 국민들에게 알리기 위해서 시민과 사회 단체들이 나섰습니다. 스스로 유인물을 인쇄하거나 복사해서 뿌리고 입에서 입을 통해 진실을 알렸습니다.

조영래는 어쩌면 이 사건이 부도덕한 정권이 몰락할 수 있는 신호탄 구실을 할 수 있을지도 모른다는 생각이 들었습니다. 그리고 이 사건을 고발하는 것만이 권 양을 살리고, 이 땅에 또다른 피해자가 나오지 않게 하는 길이라는 생각도 들었습니다.

이와 같은 뜻에서 조영래는 성고문을 고발하는 고발장을 제출했습니다.

'이번 일을 그냥 넘기면 제2의 권 양, 제3의 권 양이 나올 수 있어. 꼭 짚고 넘어가야 해.'

사실 성고문은 권 양에게만 가해진 것이 아니었습니다. 예전에도 여성 피의자들에게 수없이 가해졌지만 모두들 수치스러워서 아예 입 밖에 꺼내지도 못했던 것입니다. 그리고 이런 일은 먼 옛날에 시작되었겠지만, 특히 유신 정권이 들어서면서부터 더욱 많아졌으리라는 것이 조영래의 판단이었습니다.

실무적인 일은 주로 조영래가 담당하고 홍성우, 고영구, 황인철, 조준희, 박원순 등 여러 변호사가 정권의 부도덕성을 알리는 일에 힘을 아끼지 않았습니다.

권 양이라는 한 여성의 고통과 용기가 우리 사회의 민주화로 연결될 수 있게 해야겠다고 결심한 조영래는 언론과 국민들에게 진실을 알리는 작업을 시작했으며, 정부를 상대로 용기 있는 싸움을 시작했습니다.

법정에 선 조영래의 목소리가 떨렸습니다.

"권 양……. 우리가 그 이름을 부르기를 삼가지 않으면 안 되게 된 이 사람은 누구인가?"

조영래는 끝내 눈물을 흘리며 변론을 했습니다. 그리고 확신에 찬 목소리로 선언했습니다.

"권 양이 처음으로 우리에게 다가왔을 때는 슬픔과 절망으로 왔으나, 이제 우리는 가슴 가득한 기쁨과 희망으로 권 양의 승리에 대하여 증언하고자 합니다."

조영래는 부천서 성고문 사건의 변론을 통해 정권의 부도덕성을 국민들에게 알리고자 했습니다.

그러나 검찰과 경찰의 태도는 완강했습니다. 그들은 함께 입을 맞추어 성고문 사실을 부인했으며, 문 반장은 그때 그곳에 있지도 않았다는 둥 실제로 있었던 일까지 거짓으로 꾸며 모든 범행을 부정했습니다.

이에 조영래는 즉시 권 양을 풀어 주고 다시 재수사를 하여 문 반장을 구속할 것을 법원에 청했습니다. 하지만 법원은 권 양의 공문서 변조에 대해서는 징역 1년 6월의 실형을 선고하면서도, 문 반장에 대해서는 수사조차 다시 하지 않는 판결을 내렸습니다.

하지만 조영래의 말대로 진실을 언제까지나 감옥에 가두어 둘 수는 없었습니다. 권 양 사건은 5공화국 아래에서 억눌려 살던 국민들의 가슴에 불을 지펴 주었습니다. 아픔과 절망을 딛고 용기를 내어 부도덕한 정권에 당당히 맞선 권 양의 행동은 모든 국민들로 하여금 권 양 사건을 자신의 일로 느끼게 했

조영래가 문반장의 재수사를 요구하면서 법원에 제출한 재정 신청서입니다.

1986년 세계 여성의 날을 맞아 여성연합회에서는 '86년의 여성'으로 권 양을 뽑았고, 수많은 여성들이 올바르지 못한 법의 처벌에 맞서 권 양을 석방하라는 시위를 벌였습니다.

던 것입니다.

"부도덕한 5공화국 군사 정권은 물러가라! 부패하고 타락한 정권은 물러가라!"

그 사건은 마침내 5공화국 정권이 무너지는 데 한몫을 하게 됩니다. 막강한 절대 권력 앞에서 연약한 한 여성의 분노어린 울부짖음이 국민들의 잠든 양심을 흔들어 깨웠던 것입니다. 그리고 국민들은 진실은 반드시 승리한다는 믿음을 다시 한 번 가지게 됩니다.

박종철 물고문 사건, 부천서 성고문 사건, 경찰이 쏜 최루탄에 맞아 죽은 이한열 사건 등이 중요한 계기가 되어 5공화국 정권은 드디어 국민에게 항복하는 이른바 6·29 선언을 하게 됩니다. 그러한 사건들을 보고 분노를 느낀 국민들이 들고일어나, 1987년 6월 내내 최루탄 가스를 마셔 가며 군사 독재를 물리치고 민주 헌법을 마련하기 위해 싸움을 벌인 끝에 얻은 결실이지요. 이것을 '6월 민주 항쟁'이라고 합니다.

법원은 5공화국 정권이 막을 내리고 나서 뒤늦게 성고문 사건을 다시 인천 지방 법원에서 심판하게 했고, 문 반장은 그제야 구속이 되어 징역 5년을 선고받게 됩니다. 뒤늦었지만 마침내 진실이 승리한 것입니다.

명변론으로 이름을 날리게 된 조영래는 그 무렵부터 잡지와 신문을 통해 활발한 언론 활동을 하게 되었습니다. 이제 그에게는 명변론 대신 명논설을 쓰는 게 더 중요한 일이 되었습니다.

권 양을 변호하는 동안 조영래는 권 양에게 인간적으로 자상한 배려를 아끼지 않았습니다. 그런데 그렇게 일에만 열중하다 보니 자기 자신에 대해서는 전혀 신경을 쓰지 못했던 모양입니다. 어느 날, 조영래가 신고 다니는 구두가 다 해진 것을 본 권 양은 조영래가 돈이 없어서 구두를 사지 못하는 게 아닌가 하고 걱정한 적이 있다고 할 정도였으니까요.

환경 문제는 곧 인권 문제이다

　변호사로서의 활동 영역을 넓혀 가던 조영래는 환경 문제를 인권만큼이나 중요하게 여겼습니다.
　'우리가 발 딛고 사는 이 땅, 나아가 이 지구의 환경 문제는 곧바로 우리의 삶과 연결된다. 그러므로 환경 문제는 곧 인권 문제나 마찬가지이다.'
　이미 대학원에서 석사 학위 논문을 쓸 때도 환경 문제를 다루었으며, 경상남도 온산에서 공해로 인한 질병이 발생하자 직접 현장을 답사하기도 했을 만큼 오래 전부터 환경 문제에 대한 조영래의 관심은 남달랐습니다.
　따라서 연탄 공장에서 날아오는 석탄가루 때문에 진폐증에 걸린 환자의 변호를 조영래가 맡게 된 건 아주 당연한 일이라고 하겠습니다.

그 환자는 서울 상봉동에 사는 박길래라는 아주머니로, 연탄 공장이 가까이 있는 동네에서 약 8년 동안을 살았습니다. 그런데 그곳에 살기 시작한 지 4~5년이 지날 무렵부터 기침이 부쩍 심해지고 호흡기 장애까지 나타났습니다.

박길래 아주머니는 이 병원 저 병원 다니며 치료를 받았지만 증세는 별로 나아지지 않았습니다. 병원에서는 단순히 기관지염 정도로 알고 치료해 주었기 때문입니다.

그러던 중 엑스레이 촬영 결과 폐결핵이 의심된다고 하여 열 달 동안 약물 치료를 받기도 했지만 역시 좋아지지 않았습니다.

"이상하군요. 아주머니의 병은 폐결핵이 아닌 것 같습니다. 큰 병원에 가서 검사를 받아 보시지요."

박길래 아주머니는 국립 의료원에서 다시 검사를 받았습니다. 그 결과 아주머니의 병명은 석탄가루 때문에 생기는 '진폐증'으로 밝혀졌습니다.

'진폐증'이란 폐에 먼지가 오랫동안 끼어 있어서 호흡하는 데 장애가 되는 병입니다. 특히 탄광에서 일하는 광부 아저씨들이 많이 걸리는 병이지요.

"세상에! 내가 탄광 광부도 아닌데 이 무슨 날벼락이지?"

탄광 지역도 아닌 대도시에서 진폐증에 걸리는 일은 별로 없었습니다. 특히 주택가에서 발생한 일이기 때문에 사건의 진상을 밝히기가 그리 쉽지 않았습니다.

 재판이 진행되면서 연탄 공장사람들은 박길래 아주머니의 병이 연탄 공장과는 아무 관계가 없다는 주장만 했습니다.

 "우리 연탄 공장은 석탄가루가 날리지 않게 하는 장치를 완벽하게 갖추고 있습니다. 또 이 지역에 사는 사람들은 연탄 공장이 있다는 것을 알면서도 이곳에 살고 있습니다. 그러니 어느 정도의 석탄가루가 날리는 건 그리 문제가 되지 않는 것으로 인정하고 살고 있다는 뜻으로 해석할 수도 있습니다."

 연탄 공장 측은 공장 가까이에 떨어지는 석탄가루 때문에 건강한 사람이 진폐증에 걸릴 가능성은 거의 없다는 주장도 했습니다. 그러므로 연탄 공장에서 나오는 석탄가루가 박길래 아주머니의 진폐증을 일으킨 직접적인 원인이라고 보기는 힘들다며 책임이 없다고 잡아뗐습니다.

 이에 대해 조영래는 박길래 아주머니가 예전에 살았던 지역의 주거 환경에 대한 의견서를 작성했으며, 박길래 아주머니가 예전에 찍었던 엑스레이 사진에는 진폐증 증세가 없었음을 밝혔습니다.

 "예전에 다른 동네에 살았을 때는 진폐증 증상이 전혀 나타나지 않았습니다. 그런데 이곳에 살면서 진폐증이 나타나게 된 것이지요. 그리고 공장 쪽에서도 인정하듯이 일정한 양의 석탄가루가 주위로 떨어지는 것은 사실입니다. 또 공장에 근무하는

근로자들 가운데 꽤 많은 사람이 진폐증에 걸린 것을 보아도 공장의 석탄가루 제거 시설이 완전하지 못하다는 것을 알 수 있습니다. 그 증거로 공장 근로자들의 집단 검진 결과를 덧붙입니다."

이어서 조영래는 그 연탄 공장의 석탄가루 제거 설비가 완전하지 못하다는 것도 증명해 보였습니다. 전문가들이 주장하는 필요 설비가 장치되어 있지 않으며, 그나마 일부는 겨우 얼마 전에 설치되었다는 점이었습니다. 따라서 연탄 공장은 공장 주변의 대기를 오염시킨 책임도 져야 한다고 주장했습니다.

"그 동안 박길래 씨는 병을 치료하기 위해 가진 재산을 모두 써 버렸으며, 자신의 가게조차 운영하지 못할 정도로 건강이 나빠진 결과 이제는 노동 능력을 완전히 상실한 상태입니다. 한마디로 진폐증이 한 인간의 모든 것을 앗아 간 셈입니다. 그런데도 연탄 공장에서는 책임을 지지 않으려고만 하고 있습니다."

조영래가 내놓은 치밀한 증거 자료와 설득력 있는 변론으로 이 사건은 소송에서 이겼습니다.

이 사건은 환경 문제에 대한 좋은 선례를 남겼다는 점에서 의미가 있습니다. 조영래는 환경 문제에 대해 이렇게 생각했습니다.

'환경으로 인한 문제는 발생하기 전에 미리 막는 것이 가장 좋은 방법이다. 그러나 문제가 이미 발생했다면 그 원인을 철저

하게 가려서 원인을 만든 이로 하여금 끝까지 책임을 지게 해야 한다. 그래야 그때부터라도 환경 문제를 중요하게 여기고 미리 대책을 세울 것이다. 환경 오염은 곧바로 인간을 병들게 한다. 그러므로 환경 문제는 곧 인권 문제이다.'

이처럼 조영래는 환경 문제를 인권 문제로 여길 만큼 중요하게 생각하고 일찍부터 깊은 관심을 보였습니다.

그러나 기업들은 아직도 돈벌이에만 눈이 먼 나머지, 우리의 환경이 망가지고 우리의 몸이 망가져도 공해 방지 시설 같은 것을 제대로 갖추고 있지 않은 것이 현실이기도 합니다.

타고 남은 재가 다시 기름이 됩니다

'6월 민주 항쟁'으로 5공화국을 무너뜨리고 대통령 직선제를 이루어 낸 국민들은 희망에 들떠 있었습니다. 어쩌면 군인 출신 대통령이 아닌 민간인 대통령을 내 손으로 직접 뽑을 수 있을지도 모른다는 기대를 품게 되었던 것입니다.

그러나 국민들의 희망은 깨지고 말았습니다. 이른바 '양 김 씨'라고 불리는 김대중과 김영삼이 서로 협력하지 못하고 갈라서 버렸기 때문입니다. 여기에다 5·16 군사 쿠데타 때 중요한 역할을 했던 인물로 오래 전에 역사의 무대에서 사라져야 했을 김종필까지 아무 부끄럼도 없이 정치판에 다시 나타났습니다.

그리하여 야당의 대통령 후보가 세 명이나 되는 사태가 벌어졌습니다. 이렇게 되면 표가 갈려 한 명의 후보만 내세운 정부

여당이 유리해집니다. 뜻있는 국민들은 불을 보듯 뻔한 결과를 두고 실망감에 젖어 마음이 울적했습니다.

지난 6월 내내 독한 최루탄 가스를 마셔 가며 싸움을 벌인 결과가 이렇게 될 줄은 미처 짐작도 못했던 일입니다. 더구나 나라를 망치는 병이라고 일컬어지는 지역 감정까지 겹쳐 나라 안은 점점 더 어지러워졌습니다.

'이래선 안 되는데……. 힘겹게 얻은 민주화의 기회를 이렇게 잃을 수는 없어.'

조영래도 누구 못지않게 마음이 아팠습니다. 상식이 상식으로 통하고 정상적인 것이 정상으로 통하는 아름다운 세상을 만들고 싶어 온몸을 바쳐 노력해 온 조영래였습니다. 그러나 이제 어쩌면 자신의 그러한 기대가 바로 눈앞에서 깨질지도 모른다는 불안감이 덮쳐 왔습니다.

조영래는 신문을 통하여 두 김 씨가 후보 단일화를 이루어야 대통령 선거에서 야당 후보가 이길 수 있다고 계속 주장했습니다. 나중에는 뜻있는 사람들과 함께 야당 후보 단일화를 이루어야 한다는 성명서를 발표하기도 했습니다.

그러나 현실은 여지없이 걱정했던 쪽으로 흘러가고 있었습니다. 야당의 분열과 지역 감정 때문에 다시 여당의 군인 출신 후보가 대통령으로 당선되었던 것입니다.

조영래는 세상에 대한 희망이 꺼지는 듯한 좌절감을 느꼈습니다. 도저히 있을 수 없는 일이 일어났다는 생각만 들 뿐이었습니다.

답답하고 속상한 마음에 느는 건 담배뿐이었습니다. 그의 입에서는 "이거 뭐, 이거 뭐." 하는 한탄의 소리가 그치지 않았고, 손가락과 입에서는 담배가 끊임 없이 타고 있었습니다. 그토록 식을 줄 모르는 열정을 지닌 조영래도 이번만큼은 상처가 너무 깊어 쉽게 헤어나지를 못했습니다.

주변 친구들이나 사무실의 후배 변호사들은 안타까웠습니다. 조영래만큼은 어떤 일이 닥쳐도 좌절하지 않고 웃음을 잃지 않는 사람이라 생각하고 있었기 때문입니다.

조영래는 차츰 기운을 내기 위해 무진 애를 썼습니다.

'내가 왜 이러지? 역사는 긴 거야. 결코 지금 이 한순간으로 끝나는 게 아니라구. 그런데 내가 왜 이렇게 자신을 추스르지 못하는 걸까? 힘을 내자, 힘을!'

조영래는 다시 힘을 내 보려고 사람들이 북적대는 남대문시장을 한참 쏘다녀 보기도 하고, 남산에 올라가 큰 소리로 노래를 불러 보기도 했습니다. 또 자신이 좋아하는 지리산에도 올라 보고, 절에 가서 며칠 동안 묵기도 했습니다.

절에 머무르면서 학생 때 읽었던 간디에 대한 책을 다시 읽어 보기도 했습니다. 새벽에 일찍 일어나는 일부터 다시 시작하리라 결심해 보기도 했습니다. 이제 웬만한 일은 사무실의 후배 변호사들에게 다 맡겨 버렸습니다.

열정을 갖고 매달렸던 변론 일도 허망하게만 생각되었습니다. 하나하나의 사건에 따른 소송만으로 세상을 변화시킨다는 게 너무 힘든 일로 느껴졌기 때문입니다.

'앞으로는 어떻게 살아야 하나? 어떤 계획을 세워 살아야 하지? 순리대로 산다는 건 도대체 어떤 걸까?'

정말 지금까지의 조영래답지 않은 고민이었습니다. 자꾸만 뭔가를 잃어 가고 있다는 느낌이 들었습니다. 손에 닿을 듯 가까이 있던 것을 놓쳐 버리고 만 것 같은 안타까운 기분이 들었습니다.

그렇게 지낸 지 그럭저럭 1년이 훨씬 넘었습니다. 조영래는 사무실 동료들에게 미안한 생각이 들었습니다. 그러면서도 그런 자신을 어떻게 추스려야 할지 알 수 없었습니다.

이럴 때 마침 미국 컬럼비아 대학의 인권 문제 연구소에서 조영래를 초청했습니다. 조영래는 머리도 식힐 겸 대여섯 달 동안 다녀오기로 했습니다.

그런데 왠지 몸이 무겁고 목에서 자꾸 가래가 나왔습니다.

'담배를 좀 줄여야겠어.'

하지만 그것도 쉽지 않았습니다. 조영래는 담배를 전혀 줄이지 못한 채 미국으로 떠났습니다.

미국에 머무르는 동안 아내와 아이들이 보고 싶을 때면 편지를 썼습니다.

옥경

이름을 부르니 새삼스레 아득한 그리움이 밀려오는 것은 웬 까닭인지. 우리의 사랑은 때로는 거센 파도처럼 격렬하게 부딪치고 때로는 불꽃처럼 뜨겁게 타오르고 또 더러는 깊은 절망의 골짜기 속으로 떨어져 내리기도 했지만, 이렇게 저녁 조수처럼 잔잔하게 애틋한 그리움이 밀려오는 순간 속에서 나는 그 어느 때보다 당신과 내가 하나로 녹아들고 있다는 것을 확연하게 실감하고 있소.

조영래는 어찌 된 일인지 봄비만 오면 못 견딜 것 같았습니다. 벌써 오래 전, 대전 교도소에서 듣던 봄비 소리와 지금 미국에서 듣는 이른 봄비 소리가 어떻게 다른지 알 수 없었습니다. 그럴 때마다 아내의 모습이 떠올랐습니다.

옥경

완연한 봄이오. 나는 슬프지도 않고 외롭지도 않소. 지난 한 달 동안에도 우리가 떨어져 있다는 느낌을 가져 본 적은 잠시도 없었지만, 지금 이 순간 당신은 내 실존의 한가운데로 들어와 말없이 자리잡았고 나는 당신을 맞아들이기 위하여 모든 것을 깨끗이 비웠소.

1985년, 집에서 아이들과 한때를 보내고 있습니다.

오른쪽은 1987년 어머니와 아내 그리고 두 아들과 함께 찍은 사진입니다.

평소 산을 좋아한 조영래가 아이들과 함께 지리산에 올랐습니다. 아프기 한 해 전인 1989년의 모습입니다.

어느새 조영래의 마음은 태평양을 건너 아내 곁에 가 있었습니다. 왠지 아내가 곁에 있었으면 하는 마음이었습니다. 자연스레 한용운의 시 「알 수 없어요」의 끝 부분이 떠올랐습니다.

연꽃 같은 발꿈치로 가이 없는 바다를 밟고, 옥 같은 손으로 끝없는 하늘을 만지면서 떨어지는 날을 곱게 단장하는 저녁놀은 누구의 시입니까.
타고 남은 재가 다시 기름이 됩니다. 그칠 줄을 모르고 타는 나의 가슴은 누구의 밤을 지키는 약한 등불입니까.

조영래는 미국에서 유익한 생활을 했습니다. 인권 단체들도 둘러보고, 좋은 사람들도 만나고, 책도 사고, 늘 곁에 있어서 오히려 몰랐던 지난날의 인연들에 대해서도 깊이 생각해 보았습니다.
두고 온 사람들이 그리울 땐 〈보고 싶은 얼굴〉이라는 노래를 불러 보기도 했습니다.

눈을 감고 걸어도
눈을 뜨고 걸어도…….

아이들이 보고 싶을 땐 엽서를 띄웠습니다.

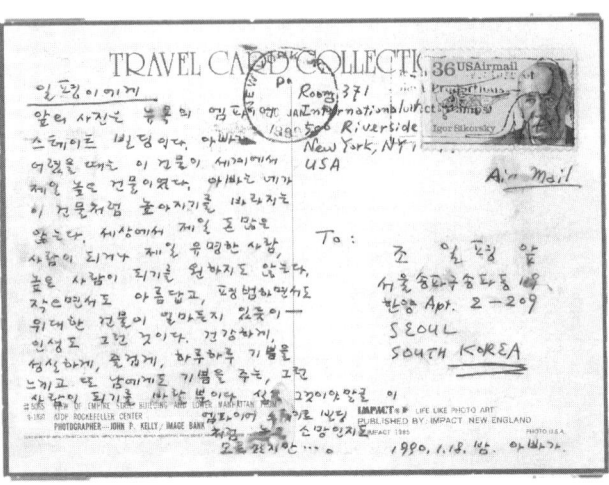

조영래가 미국에서 아들 일평이에게 보낸 엽서입니다.

일평이에게

앞의 사진은 뉴욕의 엠파이어 스테이트 빌딩이다. 아빠가 어렸을 때는 이 건물이 세계에서 제일 높은 건물이었다. 아빠는 네가 이 건물처럼 높아지기를 바라지는 않는다. 세상에서 제일 돈 많은 사람이 되거나 제일 유명한 사람, 높은 사람이 되기를 원하지도 않는다. 작으면서도 아름답고, 평범하면서도 위대한 건물이 얼마든지 있듯이―인생도 그런 것이다. 건강하게, 성실하게, 즐겁게, 하루하루 기쁨을 느끼고 또 남에게도 기쁨을 주는, 그런 사람이 되기를 바랄 뿐이다. 실은 그것이야말로 이 엠파이어 스테이트 빌딩처럼 높은 소망인지도 모르겠지만…….

그렇습니다. 작으면서도 아름답고, 평범하면서도 위대한 건물이 얼마든지 있듯이 인생도 그런 것입니다.

사람들은 조영래를 두고 재주가 많다느니 능력이 뛰어나다느니 하는 소리를 많이들 했습니다. 그러나 사실 조영래 자신은 늘 작으면서도 아름답고, 평범하면서도 위대한 건물처럼 살고 싶어했습니다.

마침내 조영래가 5개월 동안의 미국 생활을 마치고 돌아왔습니다.

조영래를 본 아내 이옥경은 깜짝 놀랐습니다.

"아니 여보, 웬 기침을 그렇게 많이 해요?"

어려서부터 병원이라곤 가 본 적이 없는 조영래였지만, 가족들의 성화에 못 이겨 할 수 없이 동네 병원에 가 보았습니다. 그 병원에선 별 이상이 없다고 하여 기관지 계통이 안 좋을 때 먹는 약만 타 와서 먹었습니다.

사무실에 다시 나간 조영래는 계속 기침이 나고 가래가 끓어서 냉방 장치 탓인가 생각하고 늘 냉방 장치를 끄곤 했습니다. 그러나 시일이 더 지나면서 도저히 견딜 수 없을 정도로 건강이 나빠졌습니다. 조영래는 시설이 좋은 좀더 큰 병원에서 정밀 검사를 받아 보았습니다.

폐암 3기.

하늘이 무너지는 소리였습니다. 그 소식을 듣고 사무실 직원들이 부랴부랴 병문안을 왔습니다.

"향아, 결혼식 날짜는 잡았나?"

"네, 12월 15일에 하기로 했어요."

"그래? 어쩌면 향아 결혼식에 못 갈지도 몰라."

"그게 무슨 말씀이세요? 얼른 나아서 오셔야지요. 변호사님이 안 오시면 어떻게 해요."

조영래는 사무실 직원들에게 무척이나 자상해서 직원들 가운데 누가 감기에 걸리기만 해도 따뜻하게 배려해 주었습니다. 그러나 그 동안 자신의 몸에는 너무도 무관심했습니다.

조영래는 자신의 병세를 다 알고 있었습니다. 장기표가 병문안을 왔을 때 조영래는 죽음에 대해 덤덤하게 이야기했습니다. 그리고 전태일에 대한 얘기를 오랫동안 했습니다.

가족들은 조영래의 병실을 산이 보이는 쪽으로 옮겼습니다. 산을 좋아하는 조영래를 위해서였습니다.

항암제를 맞고 방사선 치료를 받느라고 머리카락이 다 빠져 버린 조영래는 꼭 스님처럼 보였습니다. 병문안을 온 사람들이 애써 웃으며 조영래에게 꼭 스님 같다면서 짐짓 놀리는 척했습니다.

그러면 조영래는 편안한 표정으로 대답했습니다.

"스님이 될 수도 있었는데……. 정말 스님 같아?"

시간이 지나도 병세는 끝내 좋아지지 않았습니다. 이미 현대 의학으로는 더 이상 어떻게 해 볼 수 없는 단계에 와 버린 것입니다. 병원에서도 어쩔 도리가 없자 조영래는 큰누나 집으로 거처를 옮겼습니다.

큰누나 집으로 옮겨 와 햇살이 잘 드는 곳에 누운 조영래는 마음이 평온해졌습니다. 나뭇가지가 바람에 흔들리고 하늘이 보였습니다.

"좋아, 좋다. 내 누워 있는 곳이 바로 천당인 것 같아요, 누님."

동생의 말에 큰누나 순옥은 눈시울이 뜨거워졌습니다. 동생이 오히려 누나를 위로했습니다.

"누님, 그 동안 고마웠어요. 우리 어렸을 때 누님이 고생 많이 했지……. 앞으로도 모든 사람들에게 잘 해 줘요. 그러면 내가 마음 놓겠는데……."

조영래의 눈가가 촉촉이 젖었습니다.

가족들은 조영래가 절에 가고 싶다고 해서 전라남도 곡성에 있는 태안사로 거처를 옮겨 주었습니다. 그곳에서 조영래는 스님들과 똑같이 참선방에 들어서 참선을 했습니다. 몸이 쇠약해져서 스님들이 하는 대로 따라 하기는 무척 힘들었습니다. 그러나 이승에서 지낼 시간이 얼마 남지 않았다고 생각하니 하루라도 더 열심히 해야 할 것 같았습니다.

조영래는 보름 정도를 태안사에서 보내고, 광주를 거쳐서 다시 서울로 와 병원에 입원했습니다.

'이제 남은 시간은 얼마인가?'

조영래는 암세포들이 설치고 있는 자신의 고통스러운 몸뚱이를 남의 것 보듯 바라보려고 애썼습니다.

'어차피 이 세상에서 누구나 한 번은 죽는다. 그 동안 후회 없이 살았는가 하는 것만이 문제가 될 뿐이다. 열심히는 살았다. 비록 부족한 것이 많기는 했지만……. 벼랑 끝에 선 목숨, 이제 나는 간다. 고마웠던 이들이여, 안녕.'

1990년 12월 12일, 한창 일을 해야 할 마흔셋이라는 젊은 나이에 조영래는 흙으로 돌아갔습니다.

조영래는 마흔셋이라는 젊은 나이에 흙으로 돌아갔습니다. 조영래의 장례 행렬입니다.

1992년, 경기도 남양주군 마석리 모란공원 묘지에서 2주기 추도식이 치러졌습니다.

그를 안다는 것만으로도 자랑스러워했던 주변의 여러 사람들을 뒤로 한 채 조영래는 영영 먼 곳으로 떠나갔습니다. 그가 즐겨 부르던 노래 〈내 마음 갈 곳을 잃어〉에 나오는 노랫말 "하얀 겨울에 떠나요."처럼 하얀 겨울에 떠나갔습니다.

아름다운 세상을 꿈꾸던 우리 시대의 변호사 조영래.

조영래의 현실적인 삶은 결코 길지 않았습니다. 그러나 조영래는 짧지만 굵직한 삶을 살고 갔습니다.

그는 갔지만, 그 짧은 삶 속에서 뿜어져 나온 인간에 대한 따뜻한 사랑과 세상을 향한 뜨거운 애정은 영원히 사라지지 않고 우리 곁에 남아 있습니다. 조영래는 이 땅의 용기 있는 민주 운동가로, 우리의 참된 삶을 지켜 낸 인권 변호사로, 그리고 바른 사회를 위해 붓을 들었던 문필가로 사람들의 가슴속에 영원히 살아 있을 것입니다.

조영래는 이 세상의 많은 사람들에게 사람들의 수만큼이나 많은 향기를 남겼습니다. 그는 갔지만, 그가 남긴 향기는 사람들 저마다의 가슴에서 아름다운 꽃으로 다시 피어나 그가 꿈꾸던 세상을 아름답게 덮어 줄 것입니다.

조영래 변호사의 생애

1947년	3월 26일, 대구에서 아버지 조민제와 어머니 이남필 사이에서 3남 4녀 가운데 맏아들로 태어났습니다.
1953년_6세	대구 국민학교에 입학했습니다.
1957년_10세	5학년 때 서울 수송 국민학교로 전학했습니다.
1959년_12세	수송 국민학교를 졸업하고 경기 중학교에 입학했습니다. 학교에 갔다 오면 바로 밑의 동생 성래와 함께 대원암이 있는 동네 뒷산에 올라가 공부도 하고 놀기도 했습니다.
1962년_15세	경기 중학교를 졸업하고 경기 고등학교에 입학했습니다. 한문을 비롯해 어학 과목을 특히 잘했습니다. 웅변반과 농촌 연구반 등에서 활동하고, 경기 고등학교 학생들의 한일회담 반대 시위를 주도하기도 했습니다.
1965년_18세	경기 고등학교를 졸업하고 서울 대학교 법과 대학에 입학했습니다. 대학 전체 수석 합격자였지만 책상머리에 앉아 공부를 위한 공부만 하기보다는 살아 있는 지식을 갖추기 위해 노력했습니다. 대학 시절 내내 사회 문제에 적극적인 관심을 갖고 행동했습니다.

1969년 _22세	서울 대학교 법과 대학을 졸업하고 대학원에 진학했습니다.
1970년 _23세	사법 시험을 준비하고 있을 때 전태일 분신 사건이 일어나자, 장기표 등과 장례식을 준비하면서 전태일 정신 계승 사업에 힘을 쏟았습니다.
1971년 _24세	사법 시험에 합격하고 사법 연수원에 입소했으나 '서울대생 내란 음모 사건'으로 구속되었습니다.
1973년 _26세	'서울대생 내란 음모 사건'으로 1년 6개월에 걸친 감옥 생활을 하고 나왔습니다.
1974년 _27세	'민청학련 사건'으로 수배되었습니다. 이때부터 6년 가까이 숨어 다녀야 했지만, 그 기간 중에 전태일 평전 『어느 청년 노동자의 삶과 죽음』을 쓰는 등 이 땅의 민주화를 위한 노력을 멈추지 않았습니다.
1976년 _29세	맏아들 일평이가 태어났습니다.
1980년 _33세	유신 체제가 무너지면서 수배가 풀리고 복권이 되어 사법 연수원에 다시 들어갔습니다. 아내 이옥경과 뒤늦은 결혼식을 올렸습니다.
1981년 _34세	둘째 아들 무현이가 태어났습니다.
1982년 _35세	사법 연수원 과정을 마쳤습니다.
1983년 _36세	변호사 사무실을 열었습니다.
1984년 _37세	'망원동 수재 사건' 소송을 담당함으로써 새로운 시민 운동의 장을 열었습니다.

1985년 _38세

'대우 어패럴 사건' 등 각종 노동 사건의 변론을 맡아 노동자들의 권리와 이익을 위해 애썼습니다.

1986년 _39세

이른바 '부천서 성고문 사건'이 터지자 끈질긴 노력 끝에 사건의 진상을 밝혀 내 5공화국의 부도덕성을 만천하에 알렸습니다. 이후 시국 사건은 물론 공해·노동·여성 문제 등 인권과 관련된 많은 사건의 변론을 맡는 한편, 신문에 명쾌하고 날카로운 논설 등을 쓰면서 '아름다운 세상'을 만들기 위해 애썼습니다.

1987년 _40세

'상봉동 진폐증 환자 사건'의 무료 변론을 자청해 소송에서 승리했으며, 이 사건으로 환경 운동을 대중화했습니다.

1990년 _43세

미국 컬럼비아 대학의 인권 문제 연구소의 초청을 받아 몇 달 동안 미국을 다녀왔습니다.
폐암 3기 진단을 받은 그는, 12월 12일 세상을 떠났습니다.

인권 변호사 조영래

1996년 8월 1일 1판 1쇄
1998년 1월 25일 1판 4쇄
1999년 4월 30일 2판 1쇄
2003년 12월 15일 2판 9쇄
2005년 3월 29일 3판 1쇄
2025년 8월 25일 3판 14쇄

글쓴이 박상률
그린이 한병호

편집 김태희, 모지은, 박찬석
제작 박흥기
마케팅 이장열, 황혜선
홍보 조민희

출력 한국커뮤니케이션
인쇄 코리아피앤피
제책 J&D바인텍

펴낸이 강맑실
펴낸곳 (주)사계절출판사
등록 제406-2003-034호
주소 (우)10881 경기도 파주시 회동길 252
전화 031)955-8588, 8558
전송 마케팅부 031)955-8595 편집부 031)955-8596
홈페이지 www.sakyejul.net | 전자우편 literature@sakyejul.com | 블로그 blog.naver.com/skjmail
페이스북 facebook.com/sakyejulkid | 인스타그램 instagram.com/sakyejulkid

ⓒ 박상률 1996

값은 뒤표지에 적혀 있습니다. 잘못 만든 책은 구입하신 서점에서 바꾸어 드립니다.
사계절출판사는 성장의 의미를 생각합니다. 사계절출판사는 독자 여러분의 의견에 늘 귀 기울이고 있습니다.
이 책은 저작권법에 따라 보호받는 저작물이므로 무단전재와 복제를 금합니다.

ISBN 978-89-5828-061-3 74810
ISBN 978-89-5828-471-0 (세트)